SANDRA P. ALDRICH

Männer lesen Zeitung, nicht Gedanken

W0308757

SANDRA P. ALDRICH

Männer lesen Zeitung, nicht Gedanken

... und andere Dinge, die ich als frischgebackene Ehefrau gerne gewußt hätte

editions TROBISCH

Die Deutsche Bibliothek – CIP-Einheitsaufnahme

Aldrich, Sandra P.: Männer lesen Zeitung, nicht Gedanken : ... und andere Dinge, die ich als frischgebackene Ehefrau gerne gewußt hätte / Sandra P. Aldrich. [Übers.: Herta Martinache]. – Kehl/Rhein : Ed. Trobisch, 1997
Einheitssacht.: Men read newspapers, not minds <dt.>
ISBN 3-87827-091-7

Die Originalausgabe erschien unter dem Titel
MEN READ NEWSPAPERS, NOT MINDS
bei TYNDALE HOUSE PUBLISHERS
© 1996 Sandra Aldrich

ISBN 3-87827-091-7

© 1997 Editions Trobisch
Postfach 2048, 77680 Kehl

Übersetzung: Herta Martinache
Umschlag: Christine Paxmann
Satz: Fotosatz Krieg
Druck: St.-Johannis-Druckerei, Lahr 31572/1997

Widmung

Zwei Ehepaaren gewidmet,
die mir die großen Möglichkeiten der Ehe zeigten:

John und Elizabeth (Tibby) Sherril
Bartlett und Margaret Hess

Inhalt

Dank

Nur widerwillig nahm ich 1993 die Einladung an, am christlichen Gemeindetag in Denver vor Ehepaaren zu sprechen, denn ich war davon überzeugt, daß Verheiratete niemals einer Witwe zuhören würden. Ich nannte meinen Vortrag „Was ich als frischgebackene Ehefrau gerne gewußt hätte“ und hoffte, daß zumindest einige meiner Bekannten zu dem Vortrag kommen würden. Zu meinem Erstaunen jedoch war der Saal bis zum Bersten voll, und mir wurde allmählich bewußt, daß ich nicht die einzige war, die in den ersten Ehejahren einige Überraschungen erlebte. Der Gedanke, dieses Buch zu schreiben, entstand während dieser Versammlung, da zahlreiche Ehepaare ihre Erfahrungen mit mir teilten, aber zweifellos wäre das Vorhaben ohne das ständige Drängen meines guten Freundes Greg Johnson von Alive Communications Inc. nie in die Tat umgesetzt worden. Die Fertigstellung schließlich erfolgte unter der Leitung von Kathy Olson, Lektorin beim Tyndale House Verlag, die auch dafür sorgte, daß das Buch ansprechend gestaltet wurde. Also Greg und Kathy, herzlichen Dank! Der Herr segne euch beide.

Gruß von einer, der es genauso erging

Liebe Freundin,
Haben Sie sich jemals gewünscht, daß vor dem Standesamt Warntafeln stehen? Ich schon, vor allem, wenn meine erwachsenen Kinder Jay und Holly von ihrem zukünftigen - noch unbekannten - Ehepartner sprechen. Wenn ich ihnen zuhöre und Bemerkungen zu ihren Hoffnungen mache, erinnere ich mich an meine Freundschaft und Eheschließung mit ihrem Vater Ende der 60er Jahre. Und da ich ein gutes Gedächtnis habe, bin ich etwas beunruhigt, weil ich den Eindruck habe, daß sie keine Ahnung davon haben, wie schwierig eine gute Beziehung ist - genauso wenig wie ihre Mutter damals. Eine gute Ehe ist Schwerstarbeit.

In Titus 2,4 werden ältere Frauen aufgefordert, junge Frauen dazu anzuleiten, ihre Männer und Kinder zu lieben, und so bin ich bereit, einige der Dinge mitzuteilen, die etliche meiner Bekannten und ich erst durch bittere Erfahrung lernen mußten. Ich bin keine „gütige, grauhaarige, nette alte Dame". Ich bin ein Hitzkopf, der weiß, daß nichts mühevoller ist, als mit einer Person zusammenzuleben, die zuweilen aufreizend schwierig sein kann. Aber es gibt auch keine größere Freude, als die sauren Zeiten durchzustehen und dann herauszufinden, daß es tatsächlich Spaß macht, mit dieser Person zu leben.

Vielleicht überfliegen Sie gerade dieses Buch und sind davon überzeugt, daß Sie keine Zeit haben, es zu lesen. Sie wollen aber frischen Wind in ihre Ehe bringen. Nun, hier habe ich etwas, das Gold wert ist: Dr. Ron Cline, der Präsident der weltweiten Radiomissionsgesellschaft HCJB legte während einer Veranstaltung die Grundlagen einer Arbeitspartnerschaft dar. Wenden wir sie doch auf die bedeutendste Arbeitspartnerschaft, die Ehe, an:

1. Vermutungen. Sehen Sie sich vor! Wenn Sie vermuten, Ihr Partner werde so oder so handeln, kommen Sie in Schwierigkeiten. Es wird nie so, wie es anfangs aussieht - weder im Guten noch im Schlechten.

2. Glauben Sie an Ihren Partner. Geben Sie ihm einen Vertrauensvorschuß. Warten Sie nicht darauf, daß der andere das Vertrauen erst verdient.

3. Tauschen Sie Ihre Gedanken aus. Wenn Sie also verlobt oder jung verheiratet sind oder nach jahrelangem Zusammenleben immer noch versuchen zu verstehen, was es mit der Ehe auf sich hat, machen Sie sich ans Werk. Die folgenden Seiten werden vielleicht Ihr Problem nicht lösen, aber Sie merken zumindest, daß sie nicht die einzige sind, die mit einer der aufreibendsten und herrlichsten Herausforderungen des Lebens fertig werden müssen - nämlich die Ehe.

Anmerkung: *Auf den folgenden Seiten wurden die meisten Namen geändert, nicht nur um Unschuldige zu schützen, sondern auch um mir die Verfolgung durch die Schuldigen zu ersparen!*

I.

Vor dem Standesamt müßten Warntafeln stehen

KAPITEL 1

Braut und Bräutigam stehen vor dem Altar und lächeln einander zu. Sie sind davon überzeugt, daß ihre Ehe befriedigender und besser sein wird als die ihrer Bekannten. Sie sprechen dem Pfarrer das Eheversprechen nach oder geloben ihre Liebe mit eigenen Worten, und sie meinen es wirklich ernst. Sie packen ihre Geschenke aus und freuen sich darauf, sie bald in einem glücklichen, friedlichen Heim benutzen zu können. Dann fahren sie auf Hochzeitsreise, nicht nur um ihre Ehe zu vollziehen, sondern auch um sich von den anstrengenden Hochzeitsvorbereitungen zu erholen.

Die Armen! Sie wissen nicht, daß die *wirkliche* Arbeit noch vor ihnen liegt. Nur allzu bald wird einem – oder beiden – der Gedanke durch den Kopf schießen: *Aber niemand sagte mir, daß es so sein wird!* Wenn sie nicht wissen, daß dieser Gedanke früher oder später jedem in den Sinn kommt, sind sie vielleicht versucht, auszusteigen.

Erinnern Sie sich an die Märchen Ihrer Kindheit, die gewöhnlich mit dem Satz endeten: „Danach lebten sie glücklich bis an ihr Ende"? Die Geschichten handelten von einem edlen Prinzen und einem schönen Mädchen, die alle Schwierigkeiten, die ihr Zusammenleben gefährdeten, bezwangen – als ob der Hauptkampf vor der Ehe liegt und nicht die Ehe selbst ist. Als Kinder glaubten wir, daß der Hauptkampf gewonnen war, wenn das Paar alle Hindernisse überwunden hatte – zum Beispiel Schneewittchens Schlaf nach dem vergifteten Apfel oder Aschenputtels böse Stiefschwestern – und daß die jungen Liebenden dann glücklich und harmonisch bis zu ihrem Lebensende zusammenlebten.

Falsch! Der wirkliche Kampf beginnt jetzt erst! Und eines schönen Morgens wachte vielleicht auch Schneewittchen früh auf und starrte auf den schlaffen Unterkiefer ihres schnarchenden Prinzen und dachte: *„Wer ist dieser Mann?"* Und als Aschenputtel schwanger war, schaute ihr Märchenprinz auf ihre geschwollenen Knöchel und fragte sich, was mit diesen einst so zierlichen Füßchen passiert ist, um deretwillen er das ganze Land nach ihr abgesucht hatte. Niemand hatte die beiden gewarnt, daß geschwollene Füße und Schnarchen zum „glücklichen Zusammenleben bis ans Ende" gehören.

Hilda hätte sicherlich Warntafeln vor dem Standesamt gebraucht. Als Kind hatte sie den Eindruck, nirgendwo hinzugehören. Ihre Klassenkameraden hatten sich über ihren altmodischen Namen lustig gemacht, und zu Hause wußten ihre Eltern, die bei ihrer Geburt schon um die vierzig waren, nicht so recht, was sie mit dieser Tochter, mit der sie nicht mehr gerechnet hatten, anfangen sollten. In ihren einsamen Teenagerjahren klammerte sich Hilda an einen Gedanken: Eines Tages würde sie jemanden kennenlernen, der sie wirklich liebte.

Diese Hoffnung hegte sie im Gymnasium und auch beim Studium. Inzwischen hatte sie sich ihre Zukunft mit ihrem strahlenden Märchenprinzen schon genauer ausgemalt, und während sie sich in einem Schnellimbiß etwas Geld verdiente, träumte sie von ihm: Er würde über ihr Haar streichen und sie fragen, was sie tagsüber erlebt hatte, dann würden sie gemeinsam das Abendessen kochen, bevor sie sich vor dem offenen Kamin aneinander kuschelten. Bei vielen dieser erträumten Szenen würde sie stammeln, daß sie zu viel über sich selbst spreche. Aber er würde ihr lächelnd in die Augen sehen und sagen, wie gern er den Klang ihrer Stimme höre, und dann würde er ihre Lider und die Sommersprossen auf ihrer Nase küssen und sagen, wieviel sie ihm bedeutet... Und obwohl sie sich gelegentlich selbst tadelte und sich sagte, daß es keinen Märchenprinzen gibt, wagte sie es doch, weiter von ihm zu träumen.

Dann, eines Morgens, lächelte Jim, ein neuer Angestellter, ihr über einen Stapel Teller hinweg zu. Während der Pause stellte er sich vor und fragte sie, wie sie heiße. Sie sagte ihren Namen, stammelte aber, daß er ihr nie gefallen hatte. Er sah sie verständnislos an. „Meine Großmutter heißt auch so. Sie ist sehr nett. Du wahrscheinlich auch."

Hilda war verknallt und begann, sich auf die Arbeit zu freuen. Bei ihren Gesprächen in der Pause entdeckten sie, daß sie beide Betriebswirtschaft studierten und gerne Tennis spielten. Jim lud sie ins Kino ein. Und nach einer kurzen Freundschaft heirateten sie eine Woche nach ihrem Examen. Sie zogen in eine neue Wohnung, und jeder von ihnen bekam eine interessante Arbeitsstelle.

Aber für Hilda fehlte etwas: Ihr „Prinz" rief sie nicht mitten an seinem arbeitsreichen Tag an, er strich ihr nicht vor dem Kamin übers Haar und fragte sie nicht nach allen Einzelheiten ihres Tages oder dem Büroklatsch. Und am Samstagmorgen spielten sie nicht mehr Tennis, sondern mußten einkaufen und versuchen, mit ihrem Geld klarzukommen. Schließlich fragte sie sich, ob sie eigentlich überhaupt noch etwas gemeinsam hatten. So sollte eine Ehe doch sicherlich nicht sein.

Inzwischen war Jim verwirrt darüber, daß Hilda nicht mehr über seine Witze lachte und immer mehr an ihm auszusetzen hatte. Schließlich dachte er, daß sich das nette Mädchen, das ihn mit ihrem scheuen Lächeln für sich gewonnen hatte, eigentlich recht verändert hatte.

Hatte die Ehe sie beide so sehr verändert? Natürlich nicht. Hilda hatte ein Wunschbild geheiratet. Und ihr „Prinz" paßte nicht in das Bild von dem, was Ehemänner, insbesondere ihrer, zu tun hatten. Und Jim hatte seine eigenen Vorstellungen von Ehe. Ohne es zu wollen, war jeder Partner hinter den Erwartungen des anderen zurückgeblieben.

Eine persönliche Erfahrung

Ich verstehe diese Erwartungen. Als ich Ende der 60er Jahre Don Aldrich heiratete, dachte ich, er würde frühere Enttäuschungen in meinem Leben wiedergutmachen und daß wir eine „gute“ Ehe führen würden. Er wußte das nicht. Er dachte nur, daß er ein Mädchen aus Kentucky heiratete, das kochen konnte. Es war offensichtlich, daß wir mehr als nur ein paar Anpassungen vornehmen mußten.

Don hatte ich bei einem Fest der Uni kennengelernt. Ich hatte ein herzhaftes Lachen gehört und mich lächelnd umgedreht, um herauszufinden, wer sich so freuen kann. Damals war mein Leben recht trübsinnig, mehr Mühe als Freude. Und plötzlich war da jemand, der nicht nur lachen konnte, sondern es auch mir beibringen wollte. Schon kurz nach der Hochzeit stellte ich fest, daß er sämtliche Herausforderungen des Lebens mit demselben Humor anpackte, manchmal sehr zu meinem Mißfallen.

Ich hatte ebenfalls gedacht, daß wir immer alles gemeinsam unternehmen würden. Schließlich hatte er, als wir noch befreundet waren, oft Einladungen von Freunden abgelehnt, damit er mit mir zusammensein konnte, und ich dachte, diese Ausschließlichkeit würde auch in unserer Ehe weitergehen. Falsch.

Ich bin nicht die einzige Frau, die annahm, ihr Mann würde ständig an ihrer Seite sein wollen. Ich erinnere mich an Kims Reaktion, als ihr Mann nur wenige Wochen nach der Hochzeit erklärte, er würde im Fußballverein seines Betriebes mitspielen. Kim hatte sich lange abendliche Spaziergänge im Park vorgestellt, wo sie ihren Tag besprechen und Hand in Hand Zukunftspläne schmieden würden. Der Gedanke, daß ihr Mann lieber mit einer Horde verschwitzter Männer zusammen war, paßte nicht zu ihrem Bild von dem, wie verliebte Paare den Abend verbrachten. Auch gefiel ihr die Vorstellung nicht, daß sie die blauen Flecken versorgen mußte, die ihr Mann sich beim Kampf um den Ball zuzog, während sie ihm doch viel lieber Blaubeeren mit Sahne reichen würde. Aber sie paßte sich an und fand sich damit ab, daß sie samt Klappstuhl und Wasserkühler zu den Spielen gehen mußte, wenn sie ihn an Sommerabenden sehen wollte. Mit der Zeit fand sie sogar Spaß daran und verfolgte aufmerksam die Spiele. Aber als sie heiratete, hatte sie nicht damit gerechnet.

Bei Julie, einer anderen jungen Frau, die zu viele Märchen gelesen hatte, kamen alle unerfüllten Erwartungen an dem Abend hoch, an dem sie und Dan ihren vierten Hochzeitstag feierten. Wochenlang schon hatte sie sich auf das Essen in einem schicken Restaurant gefreut, von dem sich den Gästen eine herrliche Aussicht über die ganze Stadt bot, wenn sie das Glück hatten, einen der begehrten Fensterplätze zu ergattern.

Eine Freundin Julies hatte ihr in allen Einzelheiten den herrlichen Abend beschrieben, den sie dort verbracht hatte, aber ihr eigener Abend verlief ganz anders, als sie sich ausgemalt hatte. Zunächst einmal hatte ihr Mann nicht den begehrten Tisch am Fenster bestellt, also wies ihnen der Kellner einen Platz neben der Küche zu. Dann waren ausgerechnet an diesem Tag dem Restaurant keine frischen Gardenien geliefert worden. Julies Enttäuschung bestimmte die Atmosphäre des ganzen Abends. Anstatt ihre Gedanken darauf zu lenken, daß sie mit dem Mann, den sie liebte, im Restaurant war, ließ sie ihren Mißmut über ihren zerbrochenen Wunschtraum an ihrem Mann aus, eröffnete ihm, daß er überhaupt nichts richtig organisieren könne, da er nicht einmal daran gedacht hatte, einen Tisch am Fenster zu bestellen – und warum hatte er sich nicht vergewissert, daß das Restaurant Gardinen hatte? Natürlich fühlte sich der Mann herabgewürdigt, und er war ein bißchen enttäuscht über sie.

Besondere Warntafeln

Wie können wir verhindern, daß unerfüllte Erwartungen eine unter Umständen herrliche Beziehung verderben? Indem wir folgende Ratschläge zu Herzen nehmen:

1. Ein anderer Mensch kann nie alle unsere Bedürfnisse erfüllen.

Der einzige, der alle unsere Bedürfnisse erfüllen kann, ist der HERR, und er mußte zuerst sterben!

Karolin und ihr Mann feierten vor kurzem ihren vierzigsten Hochzeitstag. Als ich sie auf der Feier, zu der zahlreiche Freunde, Verwandte und elf Enkelkinder eingeladen waren, umarmte, flüsterte sie mir zu: „Ich bin so dankbar für die vielen gemeinsamen Jahre."

Hätte jemand dies zufällig mitgehört, hätte er vielleicht gedacht, daß sie ihr Glück mit den knappen sechzehn Jahren verglich, die Don und ich miteinander lebten, bevor Don starb. Aber ich wußte es besser. Zu Beginn ihrer Ehe hatte Karolin alleine lange Spaziergänge gemacht und sich dabei schwierige Fragen gestellt. Etwa: *Welche Wahl habe ich eigentlich? Ich will diese Kinder nicht alleine großziehen. Ist er wirklich so ein schlechter Ehemann?* Das Problem war, daß der Aufbau seines Geschäftes ihn voll und ganz in Anspruch nahm. Er versuchte, *für den Lebensunterhalt* seiner Familie zu sorgen, während Karolin sich wünschte, daß er *mehr mit ihnen lebte.*

Maria, eine andere Bekannte, schrieb ihrem Mann, solange er in der Facharztausbildung stand, lange Briefe, die sie allerdings nie abschickte. Heute, nach vielen Jahren, läßt sie ihm einige lesen. Zusammen können sie jetzt darüber lächeln, wie stürmisch sie als junge Frau versucht hatte, die Wirklichkeit mit ihren unerfüllten Erwartungen in Einklang zu bringen.

2. Die romantischen Gefühle werden nicht immer so heftig sein

Einigen Männern, die ich kenne, gefällt der alte Witz von dem Mann, der in der Hochzeitsnacht zu seiner Ehefrau sagte: „Ich habe dich geheiratet, weil ich dich liebe. Falls ich dich eines Tages nicht mehr liebe, werde ich es dir sagen. Also sprechen wir nicht mehr darüber."

Während viele Männer über diese Geschichte lachen, sind die meisten Frauen darüber empört, daß ihre Männer einfach nicht verstehen, wie wichtig eine liebevolle Umarmung und ein geflüstertes „Ich liebe dich“ ist.

Aber wir müssen verstehen, daß die Gefühle nicht ständig so leidenschaftlich wie vor der Ehe bleiben können. Niemand kann einen Marathonlauf sprinten, und das ist es doch, was die Ehe ist: ein Marathonlauf.

3. Ein Ehepartner kann seine Frau lieben und nicht die leiseste Ahnung von ihren Gefühlen haben

Oft jammern junge Ehefrauen: „Wenn er mich lieben würde, wüßte er, was ich brauche.“ Nein! Er kann Sie über alles lieben und trotzdem nicht wissen, was Sie bedrückt. Sie müssen es ihm sagen. Denken Sie daran, wer um nichts bittet, bekommt auch nichts.

Claire, eine frischgebackene Ehefrau, war enttäuscht, weil ihr Ehemann nicht verstand, wie aufreibend ihre Arbeit in der Marketing-Abteilung einer großen Firma war. Ständige Termine, anstrengende Sitzungen, erhöhte Kontingente und das Drängen nach neuen Ideen hatten zur Folge, daß sie abends restlos erschöpft war.

Ihr Mann dagegen hatte eine weniger aufreibende Arbeit und wollte am Abend „etwas unternehmen“, etwa mitten in der Woche ins Kino gehen. Claire hatte an den meisten Abenden nur den Wunsch, in Ruhe zu essen und ins Bett zu fallen.

Als sie einer Kollegin von dem mangelnden Verständnis ihres Mannes erzählte, sagte diese: „Und was sagt er, wenn du ihm erzählst, wie müde du bist?“

Claire schaute sie entgeistert an. „Ich sage nichts. Er müßte doch wissen, wie aufreibend meine Arbeit ist.“

Die Kollegin, eine erfahrene Ehefrau, verbiß sich das Lachen und ermutigte Claire, ihrem Mann von ihrer anstrengenden Arbeit zu erzählen und nach Betätigungen zu suchen, bei denen sie sich beide vergnügen und entspannen können.

4. Ihr Ehepartner will nicht immer an ihrer Beziehung arbeiten

Bitte verzeihen Sie mir die Verallgemeinerung, aber Frauen suchen im allgemeinen immer nach Verbesserungsmöglichkeiten, auch bei guten Dingen – namentlich ihrer Ehe. Andererseits halten sich Männer gewöhnlich an den Grundsatz: „Repariere nicht, was nicht kaputt ist." Am besten geht man gegen diese Einstellung vor, wenn man den „Ehe-TÜV" mit dem regelmäßigen Kundendienst eines Kraftfahrzeugs vergleicht.

5. Die Ehe macht Sie nicht zu einem ganzen Menschen

Eines der Hauptthemen bei Tagungen für Alleinstehende ist, daß in einer Ehe zwei Hälften nicht unbedingt ein Ganzes ergeben. Oft glauben Alleinstehende, daß sie sich später, wenn sie erst einmal verheiratet sind, vollkommen fühlen werden. Also schränken sie ihr Leben ein und warten auf künftige „Vollkommenheit". Für viele bedeutet das nicht nur, daß sie nicht an ihren schwachen Punkten arbeiten, sondern auch, daß sie nicht das hübsche Porzellan kaufen, nicht das abgesessene Sofa austauschen, ja nicht einmal eine tolle Reise unternehmen, weil sie lieber warten, bis sie diese Erfahrungen mit jemandem teilen können. In der Zwischenzeit vergeuden sie kostbare Zeit, die sie dazu nützen könnten, das, was sie bereits sind, zu vervollkommnen. Die ideale Ehe ist die Verbindung von Stärken und der Ausgleich von Schwächen, nicht der Anspruch, daß ein Partner den anderen zu einer ganzen Person macht.

6. Sie werden nicht alles gemeinsam unternehmen

Nicht, wenn Sie sich eine gesunde Ehe wünschen. Ich dachte immer, Ehe bedeute Unzertrennlichsein, weil das zu „liebenden" Paaren gehört. Miteinander arbeiten, miteinander planen, gemeinsam Ziele setzen – all das ist wunderbar. Aber die Beziehung braucht auch einen gewissen Freiraum. Wenn der Ehemann keinen

„Mädchenfilm“ (d. h. einen Liebesfilm) anschauen möchte, kann seine Frau mit einer Freundin ins Kino gehen und ihn ein paar Stunden alleine lassen. Es ist erstaunlich, wie viel Energie eine Ehe bekommt, wenn jeder Partner hin und wieder etwas Zeit für seine eigenen Interessen hat.

Martha ist von Patchwork-Decken begeistert, weiß aber, daß ihr Mann nicht gerne bunte Stoffquadrate anschaut. Wenn also die jährliche Patchwork-Ausstellung beginnt, geht sie mit einer Freundin eine Kleinigkeit essen, und dann machen sie gemeinsam einen Rundgang. Das tut ihr gut! Ich verstehe, wieviel Vergnügen man an Patchwork-Decken haben kann und freue mich, daß Martha dieses Interesse nicht aufgegeben hat, nur weil ihr Mann sich nichts daraus macht.

7. *Die Ehe macht uns nicht zum Unterhalter*

Wenn wir Mühe haben, mit anderen ein normales Gespräch zu führen, hilft uns die Ehe auch nicht weiter. Sicher, unser Ehepartner ist vielleicht auf diesem Gebiet besonders begabt und kann uns bei geselligen Zusammenkünften beistehen, aber wir müßten trotzdem an unseren Schwächen arbeiten.

Margaret erkannte das, als ihr Mann eine neue Arbeitsstelle bekam. Zuvor war er Lehrer und hatte im Sommer Ferien. Er ging mit den Kindern zum Schwimmbad, und Margaret konnte die Hausarbeit erledigen und erfuhr den Klatsch über die Nachbarschaft durch ihn. Als er eine andere Arbeit bekam, mußte Margaret sich darum bemühen, die Nachbarn selbst kennenzulernen.

8. *Wir können niemanden ändern, außer uns selbst*

Wenn Sie Ihren Partner ändern wollen, werden Sie enttäuscht. Dieser Gedanke ist so einfach, daß ich erstaunt bin, daß ihn immer noch nicht jeder begriffen hat.

Der Rat, den Verheiratete jungen Verliebten am häufigsten geben ist: „Achtet auf die Dinge, die euch nerven." Es ist ein Fehler zu denken, in den Flitterwochen könne man Änderungen in die Wege leiten. Wenn Sie etwas vor der Hochzeit stört, wird es Sie danach noch tausendmal mehr stören.

Die Ehe ist nicht der Raum für ständiges Kritisieren, Nörgeln oder Ärger. Lernen Sie, mit dem Stand der Dinge zu leben oder finden Sie eine Möglichkeit, die *Situation* zu ändern. Wenn es aber ihr Ziel ist, die *Person,* die diese Situation verursacht, zu ändern, lassen Sie sich auf ein gewagtes Unternehmen ein. Lisas Mann konnte eine unordentliche Wohnung nicht ertragen; sie änderte die Situation, indem sie einmal in der Woche eine Putzfrau anstellte.

Hilda und Jim, die wir bereits kennenlernten, erkannten an einem Samstagvormittag bei einem Streit, was mit ihrer Ehe geschehen war. Es begann ganz einfach: Jim schlenderte mit der Zeitung in die Küche und wollte sich eine Tasse Kaffee holen. Da entdeckte er, daß Hilda keinen Kaffee gekocht hatte. Sie las eine Frauenzeitschrift und schlürfte dabei Tee.

Jim hätte seiner Frau guten Morgen wünschen und selbst Kaffee kochen und damit einen Streit vermeiden können. Statt dessen machte er seiner Enttäuschung darüber Luft, daß sie ihren hausfraulichen Pflichten nicht nachgekommen war.

„He, wie kommt es, daß du keinen Kaffee gekocht hast? Du warst als erste unten!"

„Nun, auch ich wünsche dir einen guten Morgen", antwortete Hilda sarkastisch, und schon war ein Streit vom Zaun gebrochen, mit mehreren „Nie machst du ...." und „Mensch, hast du dich verändert", bis Hilda unter Tränen ausrief: „So sollte es aber nicht kommen."

Zu Jims Ehre muß gesagt werden, daß jetzt etwas in ihm klickte. Anstatt mit dem Wunsch nach Kaffee und Einsamkeit in die nächste Kneipe zu stürmen, entschied er sich für ein klügeres Vorgehen.

„Fangen wir doch noch einmal von vorne an", sagte er und trat aus der Küche. Unter der Tür räusperte er sich theatralisch und sagte: „Guten Morgen, liebste Ehefrau. Du bist heute morgen der Inbegriff der Anmut."

Obwohl Hilda wußte, daß er sich über sie lustig machte, lächelte sie. Er starrte sie an und sagte sanft: „Dein Lächeln hat mir so gefehlt."

Sie kuschelten nicht vor dem Kamin, und er strich nicht über ihr Haar, aber als Hilda ihren Mann ansah, beschloß sie, daß es Zeit sei, zu lernen, mit diesem Mann aus Fleisch und Blut umzugehen. Und diese Erkenntnis war der Beginn eines Neuanfangs – eines Neuanfangs, der nicht auf unerfüllten Erwartungen aufgebaut war.

Merken Sie sich:

1. *Unerfüllte Erwartungen sind die größten Herausforderungen einer Ehe.*

2. *Nur allzu bald wird einem – oder beiden – der Gedanke durch den Kopf schießen: Aber niemand sagte mir, daß es so sein wird!*

3. *Ja, auch geschwollene Füße und Schnarchen gehören zum „glücklichen Zusammenleben".*

4. *Ein anderer Mensch kann nie alle unsere Bedürfnisse erfüllen. Der einzige, der alle unsere Bedürfnisse erfüllen kann, ist der HERR, und er mußte zuerst sterben!*

5. *Die romantischen Gefühle werden nicht immer so heftig sein.*

6. *Ihr Ehemann kann sie über alles lieben und trotzdem nicht wissen, was Sie bedrückt. Sie müssen es ihm schon sagen.*

7. *Ihr Ehepartner will nicht immer an ihrer Beziehung arbeiten.*

8. *Die Ehe macht Sie nicht zu einem ganzen Menschen.*

9. Wir werden nicht alles zusammen machen.

10. Wir können niemanden ändern, außer uns selbst.

11. Die Ehe ist nicht der Raum für ständiges Kritisieren, Nörgeln oder Ärger. Lernen Sie, mit dem Stand der Dinge zu leben, oder finden Sie eine Möglichkeit, die Situation zu ändern.

Fragen zur Disskussion:

1. Welche Erwartungen brachten Sie in die Ehe mit?

2. Welche dieser Erwartungen führten zu den größten Problemen?

3. Wie wurden Sie mit dieser Situation fertig?

4. Was lernten Sie aus dieser Erfahrung?

5. Welchen Rat möchten Sie jungen Ehepaaren geben, die noch ganz am Anfang stehen?

2.

Das ist ja Schwerstarbeit!

KAPITEL 2

Als ich eines Tages in einem Café eine Kleinigkeit zu Mittag aß, belauschte ich das Gespräch zweier Frauen am Nebentisch, die über ihre Ehe sprachen. Die ältere von beiden beklagte sich darüber, daß jemand gesagt habe, eine gute Ehe bestünde darin, „den richtigen Partner zu haben und der richtige Partner zu sein". Sie fuhr fort: „Nach einer Scheidung können die beiden demnach einfach mit den Schultern zucken und sagen: Nun, ich hatte einfach nicht den richtigen Partner. Deshalb muß Verbindlichkeit die Grundlage jeder Ehe sein. Manchmal ist dies das einzige, was ein Ehepaar noch zusammenhält."

Ich hätte mich gerne an ihren Tisch gesetzt! Ich kannte mich in Sachen Verbindlichkeit aus, denn so sehr Don und ich uns auch liebten, es gab Tage, an denen wir den anderen gerne auf den Mond geschossen hätten. Aber wir hatten uns Gott und einander gegenüber verpflichtet, und so ließen wir nicht locker – und wir selbst und unsere Beziehung konnten reifen. Wir lernten aus bitterer Erfahrung, daß es nicht genügt, wenn jeder Partner fünfzig Prozent zum Gelingen der Ehe beiträgt. Jeder muß hierfür mindestens siebzig Prozent beisteuern – und das in guten Tagen.

Auch Dick und Rose Keilhacker machten diese Erfahrung. Sie hatten noch nicht die Totgeburt ihres dritten Kindes Johnny vor knapp einem Monat überwunden. Rose ging es gesundheitlich nicht sehr gut, aber Dick war sehr rücksichtsvoll und half ihr so gut er konnte. Jetzt wollte sie, daß er wieder ein normales Leben führte.

Als deshalb zwei Bekannte ihn an einem Samstag zum Golfspielen abholen wollten, bestand Rose darauf, daß er mitging. Ein paar Stunden an der frischen Luft würden ihm guttun, meinte sie.

Bereits nach einer Stunde brachten ihn die Männer nach Hause zurück. Blut lief aus seinem Mund, mehrere Zähne waren eingeschlagen. Ein Golfspieler von einem anderen Platz hatte den Ball direkt in das Gesicht des jungen Mannes geschossen. Das gab Dick den Rest. Sie hatten ihr Baby verloren; die Gesundheit seiner Frau war ernsthaft gefährdet; seine Arbeitsstelle im Stahlwerk würde bald wegrationalisiert, weshalb er Abendkurse besuchen mußte; sie hatten einen Stapel unbezahlter Rechnungen von der Beerdigung und für diesen letzten Unfall keine Versicherung.

Dick hatte all diese Krisen noch nicht verarbeitet, als eine Reihe schmerzhafter Besuche beim Zahnarzt anstanden. Immer wieder bekam er Infektionen. Und jeder neue Rückschlag führte zu neuer Verzweiflung.

Eines Abends ließ Dick sich hoffnungslos in einen Sessel fallen. Rose beobachtete ihn ein paar Minuten lang, dann setzte sie sich neben ihn. Sie nahm seine Hand und sagte: „Wir schaffen es, Dick. Wir haben noch zwei wunderbare Kinder und wir haben einander. Als wir begannen, hatten wir nichts außer einem alten, klapprigen Auto mit ein paar Hochzeitsgeschenken auf dem Rücksitz. Wenn nötig, können wir wieder an den Ausgangspunkt zurückkehren und von vorne beginnen. Mit Gottes Hilfe schaffen wir es."

Er schaute sie eine Zeitlang an, dann nickte er und brachte sogar ein Lächeln hervor. „Du hast recht", sagte er. „Im äußersten Fall fangen wir wieder bei Null an".

Dieses Erlebnis war entscheidend für ihre Ehe. Rose ermutigte ihren Mann, als er an einem Tiefpunkt angekommen war, anstatt händeringend über ihr Schicksal zu klagen. Sie benutzte ein Bild, von dem sie wußte, daß es ihn ansprechen würde – ihr altes Auto – und ließ ihn daraus neue Hoffnung schöpfen.

Heute sind viele Leute von Dicks und Roses Warmherzigkeit, ihrer christlichen Reife und ihrer tiefen Liebe zu Gott und zueinander beeindruckt. Seit jenem Erlebnis haben sie ein gutes Stück Weg zurückgelegt: Dick hat seinen Doktor gemacht und ist jetzt Schulinspektor in Los Angeles, und Rose ist die erste Vorsitzende einer Missionsstiftung von Los Angeles. Aber keiner von ihnen hat jene schwierigen Zeiten vergessen und wie wichtig es ist, einander zu ermutigen.

Als sie vor kurzem über diese schwierige Zeit sprachen, dankte Dick seiner Frau dafür, daß sie zu ihm gestanden hatte: „Du hast nichts gesagt, als alles schief ging, du hast mir einfach vertraut", sagte er. „Die anderen Männer beim Abendkurs berichteten, daß ihre Frauen sich darüber beklagten, daß sie stundenlang von zu Hause weg waren: 'Warum gingst du nicht zur Schule, bevor wir heirateten? Warum hast du das nicht vorher hinter dich gebracht?' Aber von dir habe ich nie so etwas gehört. Dein stilles Zu-mir-Halten war mir eine echte Hilfe."

Rose freute sich über dieses Geständnis. „Einige Frauen haben vielleicht gedacht, ich strafe ihn mit Schweigen, aber das war nicht der Fall. Ich bin gesprächig, und wenn ich mich ärgere, sprudelt es nur so aus mir heraus. Wenn ich still bin, bin ich innerlich ruhig. Ich wußte, wie sehr Dick sich anstrengte, weshalb sollte ich es ihm noch schwieriger machen?"

Rose war viel klüger, als sie es selbst eingesteht. Sie hat vielleicht nicht sämtliche Auswirkungen ihres Verhaltens verstanden, aber durch ihre Stille drückte sie ihre Liebe, ihre Verbindlichkeit und Anerkennung aus. Dick wußte, daß er sich auf sie verlassen konnte, in guten wie in schlechten Zeiten. Und dieses Wissen bahnte den Weg für ihr späteres Wachstum.

Die anerkannte Frau

Roses Anerkennung erinnert mich an die Geschichte „Johnny Lingos Frau für acht Kühe"[1]. Ein Südseereisender hörte die unglaubliche Geschichte eines jungen Insulaners namens Johnny, der den höchsten Brautpreis, acht Kühe, für eine reizlose junge Frau gezahlt hatte. Als er um eine Erklärung bat, antwortete Johnny: „Hast du jemals darüber nachgedacht, was es für eine Frau bedeuten muß, zu wissen, daß ihr Mann den niedrigsten Preis für sie bezahlt hat? ... Vieles kann eine Frau verändern, Dinge in ihrem Innern und Dinge in ihrer Umgebung. Aber am wichtigsten ist das, was sie über sich selbst denkt... Jetzt weiß sie, daß sie mehr wert ist als jede andere Frau auf den Inseln."

Zwar ist es mir zuwider, daß Frauen gekauft werden, aber doch gefällt mir dieses Beispiel. Da ihr Mann sie liebte und ehrte, blühte diese Frau unter der Liebe ihres Mannes auf.

Niemand von uns sollte dies vergessen. Männer und Frauen werden so, wie man es ihnen vorsagt. Deshalb, wie wäre es, wenn

... wir unseren Ehepartner mit Liebe überschütten würden?
... wir aufhörten, Vollkommenheit zu erwarten, und ihm zugestehen würden, daß er Fehler machen darf?
... wir uns die scharfe oder abfällige Bemerkung, die uns auf der Zunge liegt, verbeißen würden?
... wir all das Gute, das unser Ehepartner tut, anerkennen würden, anstatt all unsere Enttäuschungen zu zeigen?
... wir unserem Ehepartner helfen würden, so zu werden, wie Gott ihn meinte, anstatt zu verlangen, was wir wollen?
... wir jeden Morgen neu unseren Ehepartner mit unserer Liebe umhüllen würden?

Zusammen alt werden

Meine Großeltern verstanden es, sich gegenseitig an ihre Liebe zu erinnern. Sie waren 61 Jahre lang verheiratet, als Großvater während seiner letzten Krankheit ins Krankenhaus mußte. Meine Großmutter saß stundenlang an seinem Bett, sagte, daß sie sich noch nie getrennt hatten und jetzt auch nicht damit beginnen wollten.

Einmal schwelgten sie in Erinnerungen darüber, wie sie sich 1909 im Haus einer Kusine kennengelernt hatten, bei der er ein Zimmer gemietet hatte. Kurz nach ihrer Bekanntschaft heirateten sie.

Als sie miteinander im Krankenhauszimmer sprachen, nahm mein 82jähriger Großvater Großmutters Hand und sagte: „Ich will nicht, daß dich jemand von mir wegnimmt."

Als Großmutter nach seinem Tod diese Begebenheit mit leiser Stimme erzählte, kamen mir Tränen in die Augen bei dem Gedanken, daß ihre Liebe nach sechs Jahrzehnten immer noch so tief war. Auch erstaunt war ich, daß Großvater nicht auf ihr graues Haar und die Runzeln gesehen hatte; er sah das schöne Mädchen mit den braunen Augen und den hohen Backenknochen, das er geheiratet hatte. Großmutter behielt diese Begebenheit in ihrem Herzen, bis sie neun Jahre später im Tod wieder mit ihm vereint war.

Männer und Frauen haben unterschiedliche emotionale Bedürfnisse

Im allgemeinen wollen Frauen über ein Problem sprechen, während Männer gewöhnlich Zeit brauchen, es alleine zu überdenken. Allzuoft versuchen wir Frauen, unsere Männer zum Sprechen zu bringen, bevor sie dazu bereit sind. Wir laufen ihnen sogar hinterher und drängen sie zu einer sofortigen Entscheidung, wenn sie sich von uns zurückziehen wollen. Wie wäre es, wenn wir versuchten, sie eine Zeitlang in Ruhe zu lassen? Und ihr Männer, versucht auch ihr, auf die Bedürfnisse eurer Frau einzugehen.

Wenn Barbara ein Problem hat, denkt sie gerne laut darüber nach. Jedem, der bereit ist, ihr zuzuhören, bringt sie erst alle Gründe vor, die für eine Seite sprechen, dann die Gründe, die dagegen sprechen. Die verschiedenen Möglichkeiten zu hören hilft ihr, sich für diejenige zu entscheiden, die ihren Bedürfnissen am besten entspricht.

Ihr Mann Claus dagegen grübelt lieber über die verschiedenen Gesichtspunkte nach und kommt dann alleine zu einem

Schluß. Wenn man ihn zu einer Antwort drängt, sagt er: „Jede falsche Entscheidung, die ich traf, traf ich übereilt." Barbara lernte es schnell: Je mehr sie ihn bedrängte, je länger dauerte es, bis sie eine Antwort bekam. Jetzt unterbreitet sie ihm die Angelegenheit, gibt ihm genug Zeit, bevor sie eine Antwort möchte, und wartet ab. Die Familienatmosphäre ist seither viel entspannter.

Nörgeln Sie nicht

Ein langjähriger Ehemann sagte mir, daß ihm kaum etwas so zuwider ist wie eine nörgelnde Frau. Ich dachte kürzlich an seine Bemerkung, als ich auf einer Schriftstellertagung sprach. Der andere Redner war ein netter Herr, der sich mit einigen unterhielt, als plötzlich seine Frau auftauchte.

Sie unterbrach das Gespräch mit dem kurzen Einwurf: „Du hast noch keine Zeitung geholt". Augenblicklich entschuldigte er sich und eilte durch die Vorhalle zum Zeitungsautomaten. Ich beobachtete interessiert das Geschehen und fragte mich, weshalb seine Frau sich nicht selbst eine Zeitung kaufen konnte. Anscheinend war sie der Meinung, daß dies *seine* Aufgabe und nicht ihre sei.

Nach wenigen Minuten war er zurück und überreichte ihr die neuesten Nachrichten. Sie warf ihm einen Blick zu, der „na endlich" bedeutete, drehte sich um und begab sich wieder auf ihr Zimmer. Sie dankte ihm nicht einmal! Er stand da wie ein kleiner Junge, der jemanden, der ihn ständig ignorierte, zufriedenstellen wollte. Wäre ein Stein aus ihrer Krone gebrochen, wenn sie gelächelt und ihm gedankt hätte? Als Witwe fragte ich mich, wie viele Gelegenheiten ich versäumt hatte, Don meine Anerkennung zu zeigen. Zweifellos viele.

Zwar werden gemeinhin Frauen für die Nörglerinnen gehalten, aber leicht verfallen auch Männer in diese Gewohnheit. Versuchen wir doch alle, mehr zu danken und weniger zu klagen.

Finden Sie heraus, was ihrem Partner wichtig ist

Ich füllte einmal in einer Frauenzeitschrift einen Testbogen aus. Eine Frage lautete: „Welches Zimmer möchte Ihrer Meinung nach Ihr Partner immer sauber und aufgeräumt haben?" Zu jener Zeit hatten Don und ich zwei Kleinkinder, die ihre Spielsachen überall hinwarfen, und so dachte ich, er würde das Wohnzimmer nennen. Aber als ich von der Zeitschrift aufschaute und ihn fragte, antwortete er auf der Stelle: „Das Bad".

Das hatte ich nicht gewußt! Er hatte nie etwas über meine herumliegenden Lockenwickler oder die Kosmetika vor dem Spiegel gesagt.

„Was?" sagte ich. „Warum hast du mir das nicht vorher gesagt?"

Grinsend antwortete er: „Du hast mich nie danach gefragt!"

Von da an konzentrierte ich mich auf das Bad. Und er stieg über die Spielsachen im Wohnzimmer hinweg, ohne ein Wort darüber zu verlieren.

Flirten Sie mit niemandem außer Ihrem Ehepartner

Das ist wirklich ein starkes Stück. Ich bin immer wieder darüber erstaunt, daß Ehepaare denken, sie könnten sich einen „harmlosen Flirt" leisten, ohne daß ihr Partner durch die besondere Aufmerksamkeit, die sie einem anderen zukommen lassen, verletzt wird. Ich bin davon überzeugt, daß durch das mangelnde Feingefühl eines Partners auf diesem Gebiet mehr Ehen Schaden zugefügt wird als durch andere Dinge.

Anne und Bernd hatten elf Monate Ehe mit nicht immer leichten Anpassungen hinter sich, als sie mit einigen Freunden an einer Silvesterparty in New York teilnahmen. Nach einem angenehmen Abend mit Spielen und Kaltem Büffet warteten alle darauf, daß es

Mitternacht schlug. Als Tausende in New York das Neue Jahr mit Hurrarufen begrüßten, schlang Bernd die Arme um Anne und küßte sie leidenschaftlich. Für Anne bedeutete dieser Kuß die herrliche Hoffnung, daß das neue Jahr besser als das alte wird, daß es tiefere Liebe und größere Verbundenheit mit sich bringen würde. Noch in Bernds Armen lehnte sich Anne an seine Brust und genoß diese besondere Ermutigung, die sie durchflutete.

Dieser Augenblick war jedoch nur von kurzer Dauer. Kim, die auch auf der Party war, drehte ihrem eigenen Mann den Rücken zu und schlenderte zu Bernd hinüber. „Ein glückliches neues Jahr", rief sie und küßte Bernd fest auf die Lippen. Zu Annes Erstaunen und Enttäuschung schlang Bernd die Arme um Kim und gab ihr den Kuß zurück. Plötzlich bedeutete die Umarmung, die so viel Liebe und Zukunftsverheißung auszudrücken schien, Anne nur noch wenig. In diesem Augenblick war die Party für sie gelaufen – und auch die Hoffnung, daß das neue Jahr einen Neubeginn bringen würde.

In seinem Buch *Hedges* weist Jerry Jenkins darauf hin, daß „unschuldige" Flirts keinen Platz in einer Ehe haben. „Schauen Sie sich um. Seien Sie etwas weniger auf der Hut, denken Sie nicht daran, daß Sie vor Gott und den Menschen ein Versprechen abgelegt haben, setzen Sie Ihren Augen, Ihren Gedanken, Ihren Händen und Ihren Gefühlen keine Grenzen, und Sie werden sehen, wie schnell Sie zu einer Scheidungsstatistik werden."[2]

Bewahren Sie die Achtung voreinander

Achtung voreinander ist ein wesentlicher Teil der Ehe; sagen Sie Ihrem Partner also nichts, was Sie nicht auch einem Freund sagen würden. Gerda hatte die Angewohnheit, Andreas anzumeckern, sobald sie im Auto fuhren. Statt eines freundlichen „Kann ich das Radio etwas leiser stellen?", fauchte sie: „Muß das so laut sein? Jedesmal, wenn ich in dieses Auto steige, dröhnt das Radio!"

Rudolf, ein anderer Bekannter, war davon überzeugt, daß sein Humor unwiderstehlich ist, auch wenn manche darüber anderer Meinung waren. Und er trieb seine Späße mitunter etwas zu weit. Eines nachmittags war er gerade im Swimmingpool, als seine Frau ihm sagte, daß sie noch einkaufen gehe und in einer Stunde zurück sei, rechtzeitig bevor sie zum Gemeindefest gehen würden. Sie sagte, daß sie schon fertig angezogen sei und daß sie deshalb gehen konnten, wann er wollte.

Mit der plötzlichen Ausgelassenheit eines Neunjährigen spritzte er sie mehrmals naß, auch ihre frische Dauerwelle. Und dann war er verärgert, weil sie verärgert war. Humor ist wunderbar, aber kindische Streiche sind ein Zeichen von Niederträchtigkeit und haben in einer Ehe nichts zu suchen.

Sprechen Sie anstatt zu denken

Männer, eines müßt ihr wissen: Eure Frau spricht gerne mit euch. Viele Ehepaare setzen sich jeden Abend nach dem Essen eine Viertelstunde zusammen und besprechen ihren Tag. Don und ich sprachen immer abends miteinander, nachdem wir Jay und Holly zu Bett gebracht hatten. Wir lernten schnell die Bedeutung von drei kleinen Wörtern: drei, die man öfter sagen sollte – „Ich liebe dich" – und drei andere, die man besser wegläßt – „Aber ich dachte...", wie in *„Aber ich dachte,* das würde dir gefallen. *„Aber ich dachte,* du wolltest genau das." *„Aber ich dachte,* darum hast du dich gekümmert."

Das lernten wir, als wir nach Florida unterwegs waren, um Dons Vater zu besuchen und die Fußballmeisterschaft anzuschauen. Don hatte mit großer Mühe die begehrten Eintrittskarten ergattert und verstaute sie an einem sicheren Ort, dem Küchenregal. Als wir abfuhren, dachte er, ich hätte die Karten eingesteckt, weil ich mich normalerweise um die Einzelheiten von Reisen kümmerte. Das stimmte, ich war für Reisen zuständig, aber nicht für Fußball. Nach einer Dreiviertelstunde Fahrt bat mich Don, unsere Platzreservierung zu überprüfen. Ich sagte ihm, daß ich die Karten nicht habe.

„Aber ich dachte, du hast sie genommen!“ rief er. „Ich steckte sie ins Küchenregal, damit du sie nicht vergißt.“

„He, ich habe mich um alles andere gekümmert; du hättest an die Karten denken können“, gab ich zurück. „Du bist der Fußballfan.“

Einer von uns (wahrscheinlich Don) war glücklicherweise ruhig genug, vorzuschlagen, daß wir nach einer Lösung suchen sollten, anstatt uns darüber zu streiten, wer schuld war. Wir sprachen darüber, ob wir Bill, einen Nachbarn, der den Hausschlüssel hatte, bitten sollten, die Karten per Eilpost in unser Hotel nach Florida zu schicken. Aber wenn sie unterwegs verloren gingen? Schließlich beschlossen wir, daß es das Beste sei, zurückzufahren und sie zu holen. Dadurch kam natürlich unser ganzer Zeitplan durcheinander, aber wir hatten zumindest eine sofortige Lösung für unser Problem. Und wir lernten daraus: Das nächste Mal würde Don die Eintrittskarten sofort in seine Brieftasche stecken.

Lernen Sie, sich einander mitzuteilen

Am Abend ihrer Goldenen Hochzeit, als alle Gäste gegangen waren, war das Paar noch zu einem kleinen Imbiß in der Küche. Wie jeden Abend in den fünf vergangenen Jahrzehnten kochte die Frau Tee und der Mann weichte Toastbrot in Milch ein. Aber als er seiner Frau die Schüssel mit Brot und warmer Milch hinstellte, brach diese plötzlich in Tränen aus.

Als sie endlich sprechen konnte, sagte sie: „Ich kann es nicht glauben, daß du mir gerade heute abend wie immer das Anfangsstück des Brots vorsetzt. Ich hätte gedacht, nach fünfzig Jahren würdest du mir etwas mehr Ehre erweisen.“

Der grauhaarige Ehemann war bestürzt und antwortete sanft: „Aber die Rinden sind das Beste.“

Wie anders wäre es gewesen, wenn sie sich einander mitgeteilt hätten. Es ist wirklich traurig, daß die Frau ein halbes Jahrhundert lang nicht gemerkt hat, daß ihr Mann für sie ein regelrechtes Opfer brachte.

Oder was halten Sie von folgendem Beispiel? Einer meiner Bekannten hatte einen Freund, der ein paar Jahre lang Berufsfußballer war. Seine Braut mochte Fußball nicht, aber sie liebte diesen sanften, hünenhaften Abwehrspieler, und so heirateten sie in dem Wissen, daß er viel unterwegs sein würde. Um finanziell über die Runden zu kommen und um während seiner Abwesenheit eine Beschäftigung zu haben, hatte sie eine Arbeitsstelle angenommen.

Als die Fußballsaison vorüber war, beschloß sie, mit ihrem Liebsten ein ernstes Wörtchen zu reden. Eines Abends, bei seinem Lieblingsnachtisch, sagte sie sanft: „Schatz, ich weiß, du spielst leidenschaftlich gerne Fußball, aber wir müssen daran denken, eine Arbeit für dich zu finden, damit wir mit unserem Geld klarkommen."

Den Löffel noch in der Hand, starrte er sie an und begriff jetzt erst, daß sie nicht wußte, daß er für das Fußballspielen bezahlt wurde und daß er sein Gehalt für ihre gemeinsame Zukunft investiert hatte. Und zum ersten Mal verstand er, daß sie arbeitete, weil sie dachte, daß sie das mußte!

Er ging zum Schreibtisch, holte seine Jahresabrechnung und hielt sie ihr hin. „Ich werde bezahlt", sagte er. „Und ich investierte das Geld für uns beide. Ich dachte, das wußtest du."

Hocherfreut nahm sie die Gehaltsabrechnung aus seiner Hand, dann schaute sie ihn lächelnd an und sagte: „O Schatz, wie gut, daß du letztes Jahr 25.000 Dollar für Fußballspielen bekommen hast."

Er beugte sich zu ihr hinunter: „Zähle die Nullen, Schätzchen. Zähle die Nullen." Als sie wieder auf die Abrechnung schaute, sah sie, daß er tatsächlich 250.000 Dollar verdient hatte! Am Tag darauf kündigte sie ihre Arbeitsstelle.

Wie anders wäre es gewesen, wenn sie sich vom Anfang ihrer Ehe und Beziehung an etwas mehr mitgeteilt hätten. Sich einander mitteilen ist so wichtig, daß wir noch einmal darauf zurückkommen und das ganze fünfte Kapitel der Kommunikation widmen.

Beginnen Sie heute

Vielleicht denken Sie: „Das ist ja alles schön und gut, aber Sie wissen nicht, in welcher Situation ich lebe.“ Stimmt, ich weiß nicht alles, was in Ihrer Ehe vorgeht, aber ich kenne die normale Spannung zwischen Mann und Frau. Deshalb möchte ich Ihnen eine wichtige Frage stellen: *Wollen* Sie eine gute Beziehung? Wollen Sie, daß eine schlechte Beziehung besser wird? Sind Sie bereit, sich Mühe zu geben?

Im Johannesevangelium Kapitel 5 lesen wir, daß Jesus am Teich Bethesda auf einen Menschen zuging, um ihn zu heilen. An zahlreichen Menschen mit ausweglosen Nöten ging er vorüber. Können Sie sich vorstellen, in einer ähnlichen Lage zu sein?

Als Jesus auf den Mann zuging, stellt er eine sehr wichtige Frage: „Willst du gesund werden?“

Sie erinnern sich, daß der Mann nicht antwortete, sondern statt dessen nach Ausreden suchte: „Ich kann nicht ... Ich habe niemanden, der mir in den Teich hilft.“ Man bekommt den Eindruck, er wolle sagen: „Es ist nicht meine Schuld; jemand anders ist schuld.“

So frage ich Sie: Wollen Sie, daß Ihre Ehe heil wird? Oder haben Sie noch Ausreden bei der Hand? Denken Sie nicht, Ihr Leben wäre einfacher, wenn Sie alleine leben würden. Ich war jahrelang alleinerziehende Mutter und kann beteuern, daß es nichts Schwierigeres auf der Welt gibt. Also setzen Sie Ihre Kraft für die Arbeit an Ihrer Beziehung ein – und machen Sie sie so gut wie möglich. Sicherlich bedeutet das Schwerstarbeit. Aber glauben Sie mir, es lohnt sich.

Merken Sie sich:

1. *Manchmal ist Verbindlichkeit das einzige, was ein Ehepaar noch zusammenhält.*

2. *Es genügt nicht, wenn jeder Partner fünfzig Prozent zum Gelingen der Ehe beiträgt. Jeder muß hierfür mindestens siebzig Prozent beisteuern – und das in guten Tagen.*

3. *Benutzen Sie ein Bild – wie ihren Beginn mit einem alten, klapprigen Auto -, anstatt händeringend über ihr Schicksal zu klagen, und lassen Sie Ihren Ehepartner daraus neue Hoffnung schöpfen.*

4. *Das Wissen, daß Sie sich in guten wie in bösen Tagen aufeinander verlassen können, bahnt den Weg für Wachstum.*

5. *Männer und Frauen werden so, wie man es ihnen vorsagt.*

6. *Männer und Frauen haben unterschiedliche emotionale Bedürfnisse.*

7. *Den meisten Männern ist kaum etwas so zuwider wie eine nörgelnde Frau. Also seien Sie nett zueinander.*

8. *Finden Sie heraus, was ihrem Partner wichtig ist.*

9. *Flirten Sie mit niemandem außer Ihrem Ehepartner.*

10. *Bewahren Sie die Achtung voreinander. An manchen Tagen ist dies sogar wichtiger als Liebe.*

11. *Sprechen Sie miteinander und „denken“ Sie nicht. Kommunikation ist entscheidend, wenn Ihnen etwas an Ihrer Beziehung liegt.*

Fragen zur Disskussion:

1. *Welches entscheidende Ereignis prägt Ihre Verbindlichkeit in der Ehe?*

2. *Wie ermutigten Sie einander in schwierigen Zeiten?*

3. *Wann lernten Sie, daß es nicht genügt, wenn jeder Partner nur fünfzig Prozent zum Gelingen der Ehe beiträgt?*

4. *Gehen Sie beide gleich mit Streß um? Nennen Sie Beispiele.*

5. *Wie lernten Sie den Umgang mit Streß in der Ehe?*

6. *Wie lernten Sie, sich einander mitzuteilen?*

3.

Kinder werden nicht vom Storch gebracht

KAPITEL 3

Vor kurzem sprach ich bei einer kirchlichen Veranstaltung. Während der Pause sprach mich eine hübsche junge Frau an. Ihr schulterlanges blondes Haar bildete einen interessanten Kontrast zu ihren dunkelbraunen Augen, und mir wurde bewußt, daß ich sie um ihre makellose Haut beneidete. Sie erwiderte meinen Händedruck und flüsterte: „Ich fand wirklich gut, was Sie vorhin über die Bedeutung der Sexualität in der Ehe sagten, doch nach der Geburt unserer drei Buben habe ich so viel zugenommen, daß ich nicht möchte, daß mein Mann mich sieht."

Dieses Geständnis erstaunte mich. „Aber Sie sind schön", erwiderte ich schnell. Sie starrte mich an, konnte meinen Worten kaum glauben. „Doch, wirklich", beteuerte ich. „Sie sind eine wunderschöne junge Frau. Natürlich haben Sie nicht Größe 36, aber Ihr Körper hat drei gesunde kleine Jungen zur Welt gebracht."

Moment. Langsam, sagte ich zu mir. *Vielleicht sieht ihr Mann ein Problem in ihrer Figur.* Deshalb fragte ich: „Hat Ihr Mann etwas an Ihnen auszusetzen?"

Sie schüttelte den Kopf. „Nein, er ist wunderbar. Er verhält sich so, als hätte ich noch die Figur wie an unserer Hochzeit. Es ist mein Problem. Sie müßten ihn sehen, er ist toll! Aber ich!" Sie zeigte auf ihre Hüften.

„Hören Sie auf, sich selbst herabzusetzen. Sie sind wirklich schön, und Sie dürfen es nicht zulassen, daß ein paar zusätzliche

Kilos eine Schranke zwischen Ihrem Mann und Ihnen bilden. Wenn Sie ihn zurückweisen, wird er die Schuld nicht Ihrer Unsicherheit wegen Ihrer Figur geben, sondern er wird die Schuld bei sich selbst suchen."

Sie machte große Augen. „Er hat schon gefragt, was er falsch gemacht hat."

„Und was sagten Sie ihm?"

„Ich sagte, daß es nicht an ihm liegt, sondern an mir."

Ich senkte meine Stimme und gab ihr einige Ratschläge von Frau zu Frau, über das, was ein Mann sich wünscht; einige der Ratschläge werde ich in diesem Kapitel noch beschreiben. Als sie errötete, drückte ich ihren Arm. „Denken Sie heute Nacht nicht an Ihren Hüftumfang, sondern lieben Sie Ihren Mann wie er es möchte – und wie Sie es möchten. Sorgen Sie dafür, daß Ihr Mann froh ist, daß er heute auf die Kinder aufgepaßt hat, damit Sie auf diese Veranstaltung kommen konnten.

Lächelnd und mit sichtlich beschwingten Schritten eilte sie davon. Natürlich hätte ich gerne gewußt, was in jener Nacht geschah!

Aber später begann ich, mich zu fragen, ob ich über die Anweisungen von Titus 2,4 hinausgegangen war. Ich wußte, daß Paulus die älteren Frauen der Gemeinde aufforderte, die jungen Frauen anzuleiten, ihre Männer zu lieben, aber ich bin nicht sicher, ob er *das* gemeint hat. So rief ich einen jüngeren Bekannten an, zu dem ich Vertrauen hatte – einen verheirateten Mann Ende dreißig – und erzählte ihm, was ich gesagt hatte. „Glaubst du, daß ich meine Grenzen überschritten habe?" fragte ich ihn.

Begeistert bekräftigte er den Rat, den ich dieser jungen Frau gegeben habe, und drängte mich, ihn so oft wie möglich zu wiederholen. Na also, meine Damen. Ich hoffe, Ihr Mann ist gerade in der Nähe, so daß Sie dieses Buch hinlegen und ihm eine einladende Umarmung schenken können.

Ich möchte betonen, daß dieses Kapitel keine Lösung für alle Schlafzimmerprobleme bietet. Aber wenn ich ein paar Ehepartner ermutigen kann, begeistert aufeinander zu reagieren, dann lohnt es sich, daß ich hier mit hochrotem Gesicht an meiner Schreibmaschine sitze.

„Guter Sex"

(Einige meiner Bekannten sind entsetzt darüber, daß ich dieses Kapitel in mein Buch aufnehme. Irgendwie denken sie, daß ich in meinem Alter oder als Witwe nicht über dieses Thema schreiben sollte.)

Wer hat Sex eigentlich erfunden? Gott. Unser Feind, der Satan, hat diese ursprünglich großartige Idee verzerrt und sie in Wollust verwandelt. In Sprüche 5,18-19 lesen wir: „Freue dich des Weibes deiner Jugend. Sie ist lieblich wie eine Gazelle und holdselig wie ein Reh. Laß dich von ihrer Anmut allezeit sättigen und ergötze dich allewege an ihrer Liebe." Oder lesen Sie in 1. Mose die Geschichte von Adam und Eva im Garten Eden oder das Hohelied, wenn Sie sich vergewissern wollen, daß Gott die körperliche Vereinigung Verheirateter segnete.

Unsere Kinder, Jay und Holly, waren immer etwas peinlich berührt darüber, daß ihre Mutter bei Ehewochenenden über die Bedeutung guter Geschlechtsbeziehungen sprach, aber schließlich gaben sie es auf, aus mir eine Frau, „wie es sich gehört", zu machen. Und wenn sie noch etwas sagen, erinnere ich sie daran, daß sie nicht vom Storch gebracht wurden!

Nach dem Tod ihres Vaters packte ich diesen guten Bereich meines Lebens in eine Kiste und räumte sie weg, mit der Absicht, sie nie wieder hervorzuholen. Etwa achtzehn Monate nach der Beerdigung besuchten wir eine historische Waffenausstellung in Michigan, bei der auch historische Stücke von Schauspielern aufgeführt wurden, die so gekleidet waren, wie die Menschen der Zeit, aus der ihre Waffen stammten. Als ich über den Rasen zum Bürgerkriegszelt schlenderte, schritt ein stattlicher Wildwest-Kavallerieoffizier auf uns zu. Von seinem schwarzen Hut bis zu den blanken schwarzen Stiefeln war er die personifizierte Männlichkeit. Ich war von dem Anblick so eingenommen, daß ich unwillkürlich „Oh" hauchte. Anscheinend konnte er Lippen – oder Gedanken – lesen, denn er lächelte und steuerte auf mich zu.

Sofort machte ich mich davon. Dabei kam mir ein ganz neuer Gedanke: Mein Mann ist tot, aber ich nicht.

Diese Erkenntnis erschreckte mich so sehr, daß ich mich in den folgenden Tagen noch beharrlicher an Jesaja 54,5 hielt: „Denn der dich gemacht hat, ist dein Mann – Herr Zebaoth heißt sein Name!" Und wieder beschloß ich, diesen Bereich aus meinem Leben zu verbannen. Als Alleinstehende kann ich mich mit dieser Frage nur auf eine einzige Art und Weise befassen: indem ich mich nicht mit ihr befasse. Also konzentriere ich mich auf Bibelarbeit, richte meine Augen auf den Herrn, arbeite schwer, gehe erschöpft zu Bett und setze diese sexuelle Kraft in andere Betätigungen um – außerdem meide ich sinnliche Lektüre, erotische Musik etc.

Ich nehme jedoch an, daß die Leser dieses Buches verheiratet sind, also hören Sie mir zu: Die körperliche Beziehung ist sehr wichtig für die Ehe. Sorgen Sie dafür, daß sie instandgehalten wird, und nehmen Sie sich Zeit dafür. Wenn wegen voller Terminkalender etwas gestrichen werden muß, sollte es keinesfalls Ihre sexuelle Beziehung sein.

Mir gefällt die Geschichte von dem vielbeschäftigten Geschäftsmann, der seiner Frau eine Liste mit Dingen hinterließ, die sie besorgen sollte:

1. Hemden von der Reinigung abholen.
2. Nach dem Preis von schnurlosen Telefonen fragen.
3. Farbe für das Kellergeschoß kaufen.
4. Nachbarjungen wegen Hofreinigung anrufen.
5. Fred fragen, ob wir zur Hofreinigung seinen Wagen haben können.
6. Negligé anziehen, wenn ich heute abend nach Hause komme.
7. Wenn Negligé schwarz, Punkte 1. – 5. nicht beachten.

Ein paar Tips

Werden wir konkret. Da ich älter bin, kommen oft jüngere Ehemänner zu mir, damit ich ihnen helfe, ihre Frau zu verstehen. Hier sind einige der Tatsachen, auf die ich stieß:

Männer wollen, daß ihre Frauen sie sexuell begehren. Mit anderen Worten, er möchte, daß sie beim Sex öfter die Initiative ergreift. Nun passen Sie auf: Das Wort, auf das es hier ankommt, ist „öfter". Nicht jedes Mal, denn dann würde er zu sehr unter Leistungsdruck geraten. Das bedeutet nicht, daß eine Frau ihrem Mann die Kleider vom Leibe reißen muß, obwohl das ihm hin und wieder sicher gefallen würde. Sie könnte langsam beginnen, wenn es für sie etwas ganz Neues ist, etwa ihren Arm um seine Schultern legen, während er Zeitung liest und ihm zuflüstern: „Ich freue mich darauf, mit dir ins Bett zu gehen." Los, keine Angst vor Spaß an Sex. Es muß nicht immer ernsthaft oder romantisch zugehen.

„Toller Sex" beginnt für eine Frau lange vor dem Zubettgehen. Sex fängt nicht an, wenn sie ihre Zähne putzt und daran denkt, ins Bett zu gehen. Dann will sie wahrscheinlich nur schlafen gehen. Ihr Mann jedoch kann Zeitung lesen, Rechnungen überweisen oder eine Fernsehsendung verfolgen und seine Frau dabei keines Blickes würdigen – um dann, kaum hat er das Schlafzimmer betreten, mit ihr schlafen zu wollen. Frauen brauchen im allgemeinen mehr Anlaufzeit. Selbst eine kurze Umarmung in der Küche beim Geschirrspülen hilft ihr, ihrem Partner gegenüber liebevoll gestimmt zu werden.

Eine Frau sagte mir: „Mein Mann möchte, daß ich ein Rennwagen bin, der in zehn Sekunden auf Touren kommt. Aber ich bin ein alter Diesel, der erst eine Weile vorglühen muß." Mit ein bißchen Zärtlichkeit springt ihr Motor an und läuft und läuft und läuft...

Die meisten Frauen kennen dieses kleine Geheimnis: Wie zugänglich sie *im* Bett ist, hängt davon ab, wie sie außerhalb des Bettes behandelt wird. Mancher Mann war schon ehrlich verblüfft, daß seine Frau beim Zubettgehen immer noch wegen seiner abfälligen Bemerkung über das neue Gericht, das sie zum Abendessen ausprobiert hatte, gekränkt war. Für den Mann war die Geschichte schon längst erledigt, wogegen die Frau erst dann zum nächsten Punkt übergehen kann, wenn die vorige Angelegenheit geklärt ist.

Alles im Leben einer Frau ist herrlich miteinander verbunden. So sind wir geschaffen. Wir können ein Kleinkind auf unserem Schoß beruhigen, während wir die Post durchsehen und unserem Drittklässler Ideen zu den naturwissenschaftlichen Projekttagen der Schule vorschlagen. Ich habe gehört, daß Männer alles in Schubladen einteilen. Auf Grund der Art, wie Gott sie geschaffen hat, sehen sie oft wirklich nicht den Zusammenhang zwischen dem, was beim Abendessen geschah, und dem, was im Bett *nicht* geschieht.

Aber Frauen, gebt nicht auf. Männer *können* lernen, zu verstehen, wie wir funktionieren. Sie können sogar lernen, wie wichtig es ist, gelegentlich ohne besonderen Grund Blumen mitzubringen. „Ich sah die Blumen und dachte an dich" wirkt an einem trüben Abend Wunder. Genauso, wenn er sich an einem Samstagnachmittag der Kinder annimmt, nachdem er geholfen hat, die Küche aufzuräumen, so daß „Mama ein bißchen Zeit für sich selbst hat". Ein Mann sagte mir, wenn er gewußt hätte, wie viel sexuelle Energie seine Frau auftankt, wenn er sich ein paar Stunden um die Kinder kümmert, hätte er schon viel früher damit angefangen, mit ihnen zum Spielplatz zu gehen.

Ich möchte jedoch betonen, daß eine reife Frau ihrem Mann hier gegenüber nachsichtig ist und keinen Groll hegt oder schmollt oder, schlimmer noch, ihm Sex verweigert, nur weil er an diesem Tag etwas nicht richtig gemacht hat. Für beide Ehepartner ist es wichtig, vergebungsbereit zu sein und nicht kindisch nach Möglichkeiten zu suchen, wie man den anderen für Versehen, Mißverständnisse oder einfach menschliche Unvollkommenheit zahlen läßt. Wenn man über jedes kleine Fehlverhalten Buch führt, beschwört man Spannung und Unzufriedenheit herauf. Und in einer Ehe gibt es sowieso schon genügend Herausforderungen, auch ohne Öl ins Feuer zu gießen. Überprüfen Sie gelegentlich Ihr Tun und Ihre Einstellungen anhand von 1. Korinther 13, dem berühmten Kapitel über Liebe. Es ist erstaunlich, wie unbedeutend die meisten unserer Klagen scheinen, wenn wir sie mit diesem Maßstab messen.

Schalten Sie den Fernseher aus und wenden Sie sich Ihrem Partner zu. Ich bin erstaunt, wie viele Stunden vor dem Fernseher verschwendet werden. Wie wäre es, wenn Ehepaare jeden Abend den Fernseher ausschalten und diese Zeit in ihre Beziehung investieren würden?

Pamela sagte, wie gewinnbringend es für ihre Familie – und ihre Beziehung zu ihrem Mann – war, als der Fernseher kaputt ging und sie kein Geld für die Reparatur hatten. Sie waren gezwungen, zu lesen, zu sprechen und sich aufeinander zu konzentrieren.

Liebe buchstabiert man so: Z-E-I-T. Allzu viele Ehepaare unternehmen jeden Abend etwas anderes. Irgendwie kann man immer etwas „Wichtiges“ in seinen Zeitplan einbauen, aber manche Leute sollten neu darüber nachdenken, wie wichtig eine gute sexuelle Beziehung zum Ehepartner ist. Dieser Punkt sollte eigentlich auf der Prioritätenliste ziemlich weit oben stehen. Eine vielbeschäftigte Ehefrau, deren Mann sie wegen einer anderen Frau verlassen hatte, klagte einer Freundin ihr Leid: „Warum gerade *sie?* Sie ist dick und nicht einmal hübsch. Warum hat er mit ihr ein Verhältnis angefangen?“

Hätte sie ihren Mann selbst gefragt, hätte er leise gesagt: „Weil sie Zeit für mich hatte.“

Betrachten Sie ihre Beziehung nicht als etwas Selbstverständliches. Dieser Teil Ihrer Beziehung ist so wichtig, daß sie ihn nicht hintenansetzen dürfen. Planen Sie Zeit zu zweit ein. Ja, schreiben Sie diese Zeit in Ihren Terminkalender, wenn es sonst nicht regelmäßig klappt. Wir nehmen uns Zeit für Eltern-Lehrer-Treffen, Geschäftsreisen oder um Karten für ein begehrtes Fußballspiel zu besorgen. Viele Menschen verwenden mehr Zeit für Hobbies als für die Verbesserung ihrer Ehe.

Vergleichen Sie Ihre Frau nicht mit einer anderen. Wie die junge Mutter zu Beginn dieses Kapitels machen sich viele Frauen Sorgen darüber, wie attraktiv sie für ihren Mann sind, besonders wenn sie zugenommen haben oder Schwangerschaftsstreifen nach einer Geburt deutlich sichtbar bleiben. Martha genierte sich wegen dieser Streifen so sehr, daß sie sich vor ihrem Mann Joe nicht mehr auszog. Als Joe sie fragte, was los sei, war er über ihre Antwort erstaunt: „Ich möchte nicht, daß du siehst, wie häßlich ich mit all diesen Streifen bin."

Joe konnte ihr versichern, daß die Streifen ihn nicht störten. Sie erinnerten vielmehr daran, daß sie zwei schöne Kinder geboren hatte.

Nun, Joe hat seine Worte gut gewählt, um eine Brücke zwischen sich und seiner Frau zu bauen. Ganz anders Tim, der seiner Frau zu verstehen geben wollte, wie gerne er ihren Körper anschaute. So kaufte er ein paar Zeitschriften mit nackten Mädchen und legte sie so hin, daß sie sie sehen mußte. Ungeschickt von ihm! Tims Frau verstand dies als Unzufriedenheit mit ihrem Körper. Und glauben Sie mir, eine normale Frau kann sich unmöglich mit diesen perfekt geschminkten, gestylten und retuschierten Frauen messen.

Ich erinnere mich an Mario, einen Lehrer, der einige Zeit bei uns an der Schule arbeitete. In der Mittagspause kam einer der Lehrer mit einer Zeitschrift in den Sozialraum und fragte: „He Jungs, habt ihr Julie gesehen? Das ist eine Frau!" Einige nickten und grinsten, dann wandte sich der Lüstling an Mario, „Hast du sie gesehen?"

Mario wies ihn ab: „Ich schaue solche Zeitschriften nicht an."

„Aber Mario! Du bist Italiener? Wie kannst du so etwas nicht anschauen?" Er schüttelte den Kopf. „Diese Frauen haben nie Babies bekommen. Was muß eine Frau fühlen, wenn sie weiß, daß ihr Mann den nackten Körper einer anderen Frau anschaut? Ich liebe meine Rosa und will sie nie so verletzen."

Die Männer starrten ihn an, als käme er von einem anderen Planeten, anstatt aus einem anderen Land. Aber jede Frau in diesem Raum bekam neue Achtung vor Mario.

Rechnen Sie damit, daß Kinder Ihre Beziehung sehr verändern. Warum haben Ehepaare nicht bessere sexuelle Beziehungen? Oft ist die Antwort einfach Erschöpfung. Don und ich waren über sechs Jahre lang verheiratet, als Jay geboren wurde. Sechzehneinhalb Monate später kam Holly zur Welt. (Ich betone dieses „einhalb", weil ich diese beiden letzten Wochen Schlaf bitter nötig hatte, bevor sie kam.) Es dauerte eine halbe Ewigkeit bis sie endlich durchschlief. Das heißt, lange Zeit war es bei uns so: Ich legte Jay und Holly schlafen und rannte dann praktisch in mein Bett. Ich wollte möglichst *schnell* zu etwas Schlaf kommen, weil ich wußte, daß sie mich in etwa zwei Stunden aufwecken würde. Das war eine anstrengende Zeit! Vorbei war es mit den parfümierten Bettlaken und der Beleuchtung, die eine romantische Stimmung verbreiteten. Plötzlich war alles aus seiner Ordnung geraten – und es sah aus, als würde es nie mehr so, wie es sein sollte. Wenn junge Paare nicht damit rechnen, daß sie ständig von den Kindern in Anspruch genommen werden (und, wie es scheint, besonders mitten in der Nacht!), dann sind diese Herausforderungen eine schwere Belastung für die Ehe.

Aber ich möchte Ihnen Mut zusprechen: Diese hektischen Tage – und schlaflosen Nächte – dauern *nicht* ewig, auch wenn es manchmal so scheint. Also sprechen Sie miteinander und überlegen Sie sich, wie Sie diese Zeit angenehmer machen können. Oft sind es kleine Entscheidungen, die viel ändern.

Für Norm und Ellen bedeutete es, daß die Hausarbeit zurückgesteckt wurde und sie abends nicht mehr viel unternahmen, damit sie zur Schlafenszeit nicht völlig erschöpft waren. Oder sie gaben einem Nachbarmädchen etwas Geld dafür, daß sie das Abendessen der Kinder überwachte, aßen selbst schnell ein paar belegte Brote und gingen miteinander spazieren. Don und ich baten hin und wieder meine Schwester Thea, einen energischen Teenager, am Freitagabend bei uns zu schlafen, damit wir am Samstagmorgen länger liegenbleiben konnten. Diese Regelung fanden wir ausgezeichnet. Wir hatten schon versucht, ein Wochenende in einem Hotel zu verbringen, aber das ungewohnte Bett war nicht gemütlich, und außerdem sprachen wir nur über Jay und Holly. Auch Gerd und Dorothee fanden, daß sie in einem Hotel nie richtig zur Ruhe kamen. Also wechselten sie sich mit einem anderen Paar an einem Wochenende im Monat mit Babysitting ab und konnten so zu Hause schlafen und in Ruhe schmusen. Aber eines half uns allen durch diese Zeiten: Wir glaubten unseren Verwandten, wenn sie sagten: „Auch das geht vorüber." Und es ging vorüber.

Sie sollten wissen, was Ihrem Ehepartner die Lust nimmt. Viele Frauen hassen es, wenn ihr Mann mit Socken ins Bett steigt. Männer, fragt eure Frau, was ihr tun könnt, damit sie besser in Stimmung kommt – es könnte etwas so Einfaches sein!

Ebenso gestanden mir mehrere Männer, daß sie die Flanellnachthemden ihrer Frau nicht ausstehen können. Wenn ihr Mann so denkt, warum ziehen Sie dann nicht ein romantisches Nachthemd an, wenn Sie ins Bett gehen, und ziehen dann später das aus Flanell an? Mitzie sagte, nach dem Liebesakt merkt er nie, was sie anhat, weil er dann schon schnarcht. Eine Wäschefabrik hatte schließlich die pfiffige Idee, ein Nachthemd zu entwerfen, das innen aus Flanell, aber außen aus Satin ist. So kommt jeder zu seinem Recht.

Versuchen Sie etwas Abwechslung. Wie sagt man es seinem Mann oder seiner Frau, wenn man etwas anderes möchte? Indem man es vorschlägt. Die Frau muß vielleicht die Initiative ergreifen, indem sie seine Hände lenkt oder seine mit einem geflüsterten „O, das ist schön" bestätigt. Und ihr Männer müßt wissen, daß das, was einmal angenehm war, ein anderes Mal vielleicht weniger angenehm ist. Zum Beispiel können die Brüste der Frau eine Woche vor ihrer Regel empfindlich sein, also seien Sie dann besonders sanft. Beide Partner brauchen nur in Einklang mit dem bleiben, was der Körper des anderen gerade sagt. Aber denken Sie so darüber: Nicht genau wissen, was geschehen wird, macht die Sache erst interessant!

Doch, was tun, wenn Ihr Partner sie drängt, etwas zu tun, wobei Ihnen nicht ganz wohl ist? Wenn dadurch Ihr persönlicher ethischer Kodex verletzt wird, tun Sie es nicht. Sagen Sie ihm liebevoll, daß Sie bei diesem Vorschlag ein unbehagliches Gefühl haben, und erklären Sie, daß Ihr Unbehagen nichts mit ihrer Liebe zu tun hat.

Aber wenn es etwas ist, was Sie nicht für falsch halten, nur eben für anders, könnten Sie vielleicht ein bißchen damit experimentieren. Die Grenze zwischen falsch und kreativ kann schmal sein, also denken – und beten – Sie gründlich, bevor Sie eine Entscheidung treffen.

Denken sie an das Hohelied Salomos. Die Liebenden in diesem Buch freuten sich aneinander, am Körper des anderen! Und das war der urprüngliche Plan Gottes. Der springende Punkt ist, daß Sie und Ihr Ehepartner Liebe füreinander ausdrücken. Fürchten Sie nicht, etwas falsch zu machen, nur weil sie zum Beispiel den Liebesakt in einer anderen Position durchführen.

Nun noch ein Wort zu Pornographie: Der Feind nimmt gerne etwas Schönes und verwandelt es in etwas, das seinem bösen Reich nützlicher ist. Sie müssen wissen, daß es weder gesund noch normal ist, daß ein Mann oder eine Frau Pornographie braucht, um für Sexualität in Stimmung zu kommen. Wenn dies für Sie (oder Ihren Ehepartner) zutrifft, gehen Sie in eine christliche Beratung. Dem Bericht des Justizministers, an dem Dr. James Dobson 1986 mitwirkte, entnahm ich, daß das heutige Zeug nicht das Oben-ohne-Material ist, das vor ein paar Jahrzehnten meine Schulkameraden fesselte. Heute ist wirklich widerlicher Schund ohne weiteres erhältlich. Ich schreibe diesen Abschnitt so schnell ich kann, denn ich erinnere mich nicht gerne an gewisse Abschnitte des Berichts des Justizministers.

Nach dem Liebesakt fallen Männer ins „Koma". Unzählige Frauen klagen darüber, daß ihr Mann sich auf die Seite dreht und schnarcht, sobald der Liebesakt vorüber ist. Frauen, ihr müßt wissen, daß Männer nicht anders können – sie sind physiologisch erschöpft. Halten Sie es also nicht für eine persönliche Ablehnung, wenn er sofort einschläft. Ein junger Ehemann erklärte mir das „Wegsein" der Männer folgendermaßen: „Wir genießen es, daß wir in den nächsten fünf Minuten nicht an Sex denken müssen."

Und ihr Männer, versucht, *nicht* sofort einzuschlafen. Oder wenn Sie dazu neigen, schlingen Sie wenigstens Ihre Arme um Ihre Frau. Sonst fühlt sie sich leicht als Sexualobjekt mißbraucht.

Wie wichtig ist Ihnen Ihre Ehe?

Was können Sie tun, um das Gefühl der Liebe zu erneuern, wenn zur Zeit etwas Flaute herrscht? Beginnen Sie mit einem Grundvertrauen, dem Vertrauen, daß Sie beide an diesem Bereich Ihres Lebens arbeiten möchten und daß Sie nicht bereit sind, sich geschlagen zu geben. Aber dazu brauchen Sie Zeit – und die Entschlossenheit, daß dies für Sie beide wichtig ist. Mit anderen Worten, Ihre Ehe muß an erster Stelle stehen. Für viele Ehefrauen bedeutet das, daß sie den Entschluß fassen, ihren Mann mit anderen Augen zu sehen, mit Augen der Anerkennung.

Ich erinnere mich an eine Freizeit, bei der ich die Frauen ermutigte, sich für die Interessen ihres Mannes zu interessieren. Ich erzählte ihnen sogar, wie ich jeden Tag die Sportberichte in der Zeitung las, um mit Don über Themen diskutieren zu können, die er mochte. (Ich gestand auch, daß mir mein Mann zwar schrecklich fehlt, Fußball aber nicht im geringsten!) Doch weil es ihm gefiel, daß ich die Spiele mit ihm anschaute, tat ich es. Ich nähte dabei oder durchblätterte Kataloge oder schrieb Briefe, aber ich war bei ihm. Und ich jubelte, wenn er jubelte, und stöhnte, wenn er stöhnte, und fragte nicht ein einziges Mal: „Wer spielt schon wieder?"

War das Täuschung? Keineswegs. Ich machte mir nichts aus Fußball, und Don wußte das, aber ich liebte meinen Mann. Und wenn es ihm Spaß machte, daß ich das Spiel mit ihm anschaute, während die Kinder Mittagsschlaf hielten, dann tat ich es. Schließlich wußte ich, daß viele andere Frauen glücklich wären, mit ihm ein Fußballspiel anschauen zu können. Und wenn ich diesen Punkt bei Freizeiten erwähne, ist die Reaktion allgemeines Kopfnicken.

Lassen Sie mich an dieser Stelle etwas weiter ausholen und von einer konkreten Freizeit berichten. Nach einem meiner Vorträge kam eine Frau in blauem Pullover und erzählte mir von ihren Gefühlen für den Ehemann einer anderen. Ich kam gleich zur Sache. „Haben Sie sexuelle Beziehungen mit ihm?“

„Nein“, antwortete sie und fügte leise hinzu: „Noch nicht“.

Als ich die Augenbrauen hochzog, sagte sie schnell: „Aber Sie verstehen nicht, wie entsetzlich seine Frau zu ihm ist. Er ist ein netter, liebevoller Mann, doch egal, was er tut, sie hat etwas daran auszusetzen, und ständig demütigt sie ihn in der Öffentlichkeit.“

Ich hörte ihr fast eine Stunde lang zu, erinnerte sie aber daran, daß sie mit Feuer spielte, das eine Familie zerstören, ihrem eigenen Leben schaden und auf andere Kirchenmitglieder übergreifen könne. Als ich mit ihr betete, bat ich Gott, sie zu stärken, ihr zu helfen, sein Angesicht zu suchen und nur auf seine Stimme zu hören.

Sie dankte mir, und bevor sie ging, sagte sie: „Ich hätte nicht die geringste Chance, wenn sie nur ein bißchen nett zu ihm wäre“. Ich hatte das Argument „Seine Frau versteht ihn einfach nicht“ schon so oft gehört, daß ich nur den Kopf schüttelte und ein weiteres Gebet um Bewahrung für sie sprach.

Während des Abendvortrags sprach ich darüber, wie wichtig es sei, sich für Dinge zu interessieren, an denen der Ehemann interessiert ist, und ich schloß wie schon oft mit dem Satz: „Wenn es also Ihrem Ehemann wichtig ist, daß Sie mit ihm ein Fußballspiel anschauen, dann tun Sie es. Schließlich gibt es jede Menge Frauen, die nur allzu glücklich wären, mit ihm ein Fußballspiel anschauen zu können.“

Wie immer nickten mehrere Frauen, aber eine Frau rechts von mir lachte höhnisch auf: „Nicht mit meinem!“ Ich war verblüfft, daß sie so etwas öffentlich sagte, auch wenn es als Witz gemeint war.

Die anderen Frauen lachten herzlich darüber, und während ich wartete, daß die Gruppe wieder zur Ruhe kam, warf mir eine Frau in einem blauen Pullover einen Blick zu, der ausdrückte: „Ich habe es Ihnen ja gesagt." Ach so! Es war die Frau, die mir ihre Liebe zum Ehemann einer anderen gestanden hatte. Es war also nicht erfunden, daß die Frau ihren Mann verächtlich behandelte.

Oft frage ich mich, wie diese Geschichte schließlich ausging, aber ich fürchte, daß sie zu großem Leid führte.

Achten Sie auf Ihre Gedanken

Das Gedankenleben ist ungeheuer wichtig. Denken Sie an die Redensart: „Wer einen Gedanken sät, erntet eine Tat. Wer eine Tat sät, erntet eine Gewohnheit. Wer eine Gewohnheit sät, erntet einen Charakter. Wer einen Charakter sät, erntet ein Schicksal." Ja, beim ersten sündigen Gedanken müssen wir den Kampf ausfechten, nicht später, wenn wir mit dem Ehepartner eines/einer anderen im Bett liegen.

Vor Jahren half einer meiner guten Bekannten einer jungen Frau, die in seinem Büro arbeitete, wenn sie Probleme mit ihrem Freund hatte. Es war angenehm, von jemandem gebraucht zu werden, und sie dankte ihm immer mit einem ach so netten Lächeln, wenn er an ihren Schreibtisch kam – und daß sie hübsch war, tat der Sache auch keinen Abbruch. Bald fand er, daß er pfiff, wenn er sich morgens für die Arbeit fertig machte. Und er bemerkte auch, daß er mehr auf seine Kleidung und Frisur achtete.

Jetzt wäre es Zeit gewesen, sich an den Schultern zu packen und zu sagen: „Halt. Tu nicht so, als wüßtest du nicht, wohin das führt. Du fragst dich, ob du noch verführerisch bist, also kümmere dich mehr um deine Frau. Höre mit dieser Sache auf!"

Aber er führte dieses kleine Selbstgespräch nicht und hielt an seiner Selbsttäuschung fest. (Oft lügen wir uns selbst am meisten an.) Bald ging er mehrmals in der Woche mit der jungen Dame essen, nur als „Freunde" – so hatte er es jedenfalls genannt. Eines Tages dann hielten sie am See an, um die herbstliche Farbenpracht zu bewundern, bevor sie ins Büro zurückgingen, und er legte seinen Arm um ihre Schultern, als er sie auf einen Flug Gänse aufmerksam machte. Das nächste war, wie er später traurig sagte, daß sie sich „wie Teenager abknutschten". Schon nach wenigen Tagen waren sie in eine Liebesaffaire verwickelt, die schließlich ihren Ruf und seine Familie zerstörte und ihn seine verantwortliche Stelle in der Kirche kostete.

Ich kenne einen Berater, der jedem Pastor nahelegt, einen Termin abzusagen, auf den er sich freut. Er hatte zu oft miterlebt, daß Geistliche ihre Ehe, Familie und Arbeit zerstören, weil sie begonnen hatten, ein Gemeindemitglied zu beraten und aus der Sache eine Liebesaffaire wurde – wobei jede Partei sagte: „Aber das wollten wir nicht!"

Übertragung

Bevor wir dieses Thema verlassen, möchte ich noch auf die Möglichkeit zu sprechen kommen, daß man sich zu einem wunderbaren Menschen, einem Pastor, einem Mitarbeiter oder einem netten Nachbarn hingezogen fühlt. Das kommt so häufig vor, daß es sogar einen Namen hat: Übertragung. All die Energie und Aufmerksamkeit, die man vorher seinem Ehepartner geschenkt hat, wird jetzt auf jemanden gerichtet, der nicht der gehörige Empfänger ist. Und etwas Heimtückisches geschieht mitten in einer Krisensituation: Ein Mensch, der innerlich verletzt ist, sucht nach einem anderen, den er schätzt, und nur allzu schnell ist er in einer üblen Lage, vor allem, wenn der andere Mensch ebenfalls gerade Spannungen in seiner Ehe durchlebt. Wir leben in einer gefallenen Welt; auch Menschen, die dem Herrn nachfolgen wollen, geben sich manchmal recht dummen Gedankengängen hin, die zu der Versuchung führen, daß er von einem anderen Menschen die Erfüllung seiner emotionalen Bedürfnisse erwartet, die nur vom eigenen Ehepartner erfüllt werden sollten. Auf dieses dünne Eis sollte sich keiner wagen.

Wenn Sie sich aber bereits auf dünnem Eise befinden, lassen Sie sich nicht auf folgende Logik ein: „Nun, ich habe bereits in meinem Herzen gesündigt, und Jesus sagte, das ist genauso schlimm wie die sündige Tat, also kann ich gleich weitermachen und die Tat begehen.“ Das wäre der Gipfel dummer Logik.

In Matthäus 5,28 sagt Jesus: „Ich aber sage euch: Wer eine Frau ansieht, sie zu begehren, der hat schon mit ihr die Ehe gebrochen in seinem Herzen.“

Klappen Sie an dieser Stelle nicht die Bibel zu, sondern lesen Sie weiter: „Wenn dich aber dein rechtes Auge zum Abfall verführt, so reiß es aus und wirf's von dir. Es ist besser für dich, daß eins deiner Glieder verderbe und nicht der ganze Leib in die Hölle geworfen werde. Wenn dich deine rechte Hand zum Abfall verführt, so hau sie ab und wirf sie von dir. Es ist besser für dich, daß eins deiner Glieder verderbe und nicht der ganze Leib in die Hölle fahre.“

Wenn Sie diese beiden letzten Verse (V. 28-29) gelesen haben, die andeuten, was mit Augen, die sich auf sündige Blicke, und mit Händen, die sich auf sündige Berührungen einlassen, geschehen soll, glauben Sie dann immer noch, daß es für Sie in Ordnung ist, den Sexualakt durchzuführen und *diesen* Teil Ihres Körpers zu verlieren?

Wenn ein Mann eine Frau begehrlich ansieht, sagt Jesus, hat er die Sünde begangen, weil an diesem Punkt die Tat beginnt: in den Gedanken. Wenn es sich nur um Gedanken handelt, brauchen Sie diese nur Gott bekennen. Wenn Sie die Gedanken aber in die Tat umsetzen, wird das Leben mehrerer Menschen betroffen – und letztendlich zerstört.

Wenden Sie sich aber nicht an die Person, um die Ihre Gedanken kreisen, um sie zu bitten, mit Ihnen zu beten, damit Sie Herr über ihre wollüstigen Gedanken werden. Die meisten Menschen würden sich dadurch angesprochen fühlen, und ein gefährliches emotionales Feuer würde entfacht. Erledigen Sie diese Angelegenheit mit dem Herrn und vielleicht mit einem Christen Ihres Vertrauens, wobei darauf zu achten ist, daß Frauen sich an Frauen und Männer an Männer wenden sollten.

Einer der Pastoren in unserer Stadt benutzte diese List zu seinem Vorteil. Er war gesprächig und gewandt, ein Mann von dem Schlag, der das Vertrauen enttäuschter Frauen gewinnt. Später fanden wir heraus, daß er mehr als nur ihr Vertrauen hatte. Er ging so vor, daß er einer Frau seine unrechten Gedanken ihr gegenüber „bekannte" und sie bat, für ihn zu beten. Später lud er sie in sein Studierzimmer ein, damit sie zusammen beten konnten. Vor Jahren, in seiner ersten Gemeinde, meinte er es anscheinend ehrlich mit seinem Bekenntnis vor einer Frau, auch wenn es dumm von ihm war. Sobald er aber merkte, zu welchem Ergebnis diese Methode führte, benutzte er sie immer öfter.

Achten Sie auf Ihr Herz und halten Sie Ihr Ehebett rein. Und wenn diese wollüstigen Gedanken kommen, denken Sie an die Anfangszeit mit Ihrem Ehepartner zurück, als Ihre Beziehung noch aufregend und neu war. Was können Sie tun, um diese Gefühle wieder zu beleben? Oft beginnt es mit kleinen Dingen. Eine Frau schlug ihrem Mann einmal vor, daß sie ein Weilchen im Auto knutschten, nachdem sie abends von der Kirche zurückgekommen waren. Haben Sie Phantasie!

Denken Sie nie, daß Sie dafür zu alt seien. Einmal fragte einer meiner Verwandten meinen fünfundsiebzigjährigen Großvater, ab welchem Alter Männer sexuell nachlassen. Dieser schaute von dem Holzstapel auf, den er gerade aufschichtete und grinste: „Da mußt du einen fragen, der viel älter ist als ich!"

Merken Sie sich:

1. *Geschlechtsverkehr war Gottes Idee. Unser Feind, der Satan, hat diese ursprünglich großartige Idee verzerrt und versucht, sie zu seinen bösen Zwecken zu benutzen.*

2. Für Frauen beginnt Sex lange vor dem Zubettgehen.

3. Schalten Sie den Fernseher aus und wenden Sie sich Ihrem Partner zu.

4. Liebe buchstabiert man so: Z-E-I-T. Wenn Sie an Ihrem vollen Terminkalender Abstriche vornehmen müssen, sollte auf keinen Fall Ihre sexuelle Beziehung davon betroffen sein.

5. Vergleichen Sie Ihre Frau nicht mit einer anderen.

6. Kinder werden Ihre Beziehung verändern, also sorgen Sie für die nötigen Anpassungen.

7. Nehmen Sie es nicht persönlich, wenn Ihr Mann nach dem Liebesakt sofort einschläft.

8. Betrachten Sie ihre Beziehung nicht als etwas Selbstverständliches – nie!

9. Achten Sie auf Ihr Herz und halten Sie Ihr Ehebett rein.

10. Denken Sie nie, daß Sie dafür „zu alt“ seien.

Fragen zur Diskussion:

1. Welchen Rat über die sexuelle Seite der Ehe hätten Sie sich gewünscht?

2. Worin liegt die Hauptschwierigkeit, in Ihrer Ehe den Funken am Leben zu erhalten?

3. Falls Sie Kinder haben, welche Anpassungen haben Sie vorgenommen?

4. Wie gingen Sie mit Versuchungen um?

5. Welchen Rat würden Sie jungen Ehepaaren mit auf den Weg geben?

4.

Ehemänner haben keine Drehbuchautoren

KAPITEL 4

Bei uns ist die Fernsehserie *„Dr. Quinn, Ärztin aus Leidenschaft“* sehr beliebt, besonders bei Frauen. Holly und ihre Freundinnen sehen sich jede Sendung an. Falls sie gerade an dem Abend nicht zu Hause sind, nehmen sie die Sendung auf. Und damit sie beim Zuschauen nicht gestört werden, stellen sie das Telefon ab. Es ist wirklich ernst. Und alle verehren schwärmerisch die männliche Hauptfigur Sully. Er ist stark und einfühlsam, sieht nicht nur gut aus, sondern findet in kritischen Augenblicken auch immer das richtige Wort.

An einem Wochenende schaute Holly die Sendung zu Hause an und seufzte jedesmal, wenn Sully etwas Wundervolles tat, und das geschah oft. Nach einem weiteren schmachtenden Seufzer Hollys warf ich ihr einen schnellen Blick zu und kam zu dem Schluß, daß Sullys Charakter für die Gedankenwelt meiner Tochter nicht gut sei. Ich schaute auf den Bildschirm zurück und sah, wie Sully gerade hinter der Ärztin Dr. Quinn stand und seine Hände schützend auf ihre Schultern legte. Da erkannte ich, daß dieser Mann für *meine* Gedankenwelt nicht gut ist.

Ich wartete auf die nächste Werbung, bevor ich ihr eine Dosis Realität verabreichte: „Holly, glaubst du, alle Frauen seufzen, wenn sie diese Sendung anschauen?“

Sie lächelte. „Ooo, ja.“

„Nun, das beunruhigt mich, weil Sully nicht echt ist", sagte ich. „Er hat einen Drehbuchautor! Wahrscheinlich hat er sogar *ein Dutzend* davon. Das bedeutet, daß überall in Amerika gute Ehemänner in diesem Augenblick mit einem perfekten Filmhelden verglichen werden, und in den Gedanken ihrer Frauen schneiden sie dabei schlecht ab... Denk daran, wenn dein Mann später einmal nicht immer das ‚Richtige' tut. Auch er hat keinen Drehbuchautor."

Erstaunlicherweise rollte sie nicht die Augen über meine Stegreifpredigt. Gut für sie. Leider haben viele junge Paare mehr billige Fernsehkomödien als lebendige Beispiele christlicher Ehen gesehen. Deshalb haben sie keine Ahnung davon, daß eine tragfähige Beziehung zuallererst Verbindlichkeit und dann harte Arbeit voraussetzt. Jungverheiratete sollten nicht erwarten, daß ihr Partner Drehbuchautoren hat, die dafür sorgen, daß alle Probleme in wenigen Minuten gelöst sind.

Andere beobachten

Stellen Sie sich folgende Begebenheit am Sonntagmorgen vor: Sie sind auf dem Weg zur Kirche und während der ganzen Fahrt im Auto klagen Sie übereinander. Ihr Mann meckert darüber, daß Sie nicht rechtzeitig fertig waren, und sagt:"Jeden Sonntag dasselbe Theater!"

Und Sie erwidern: „Nun, wenn du helfen würdest, anstatt im Auto zu sitzen und den Motor heiß laufen zu lassen..."

Dieses Wortgeplänkel geht hin und her, bis Sie aus dem Auto steigen und die anderen Kirchgänger freundlich und liebenswürdig begrüßen: „Guten Mooorgen."

Das Problem liegt darin, daß Sie genau neben Hans und Maria geparkt haben. Hans steigt aus, geht um das Auto herum und öffnet Maria die Tür.

Jetzt gehen Sie und Ihr Mann in die Kirche. Sie nehmen seinen Arm, nicht weil die Liebe zu dem Mann Sie in diesem Augenblick überwältigt, sondern, weil Sie ihm etwas zu sagen haben.

Und Sie sagen folgendes: „Hast du gesehen, wie *Hans* ausstieg und die Autotür öffnete?"

Dadurch geben Sie ihm nicht gerade durch die Blume zu verstehen, daß Hans *seine* Frau besser behandelt als *Ihr* Mann die seine.

Was Sie nicht wissen, ist, daß Hans die Autotür öffnen *mußte,* weil Maria die Tür nicht aufbrachte!

Inzwischen gehen Hans und Maria hinter Ihnen. Und Maria zischt in das Ohr von Hans: „Siehst du, wie eng sie nebeneinander gehen? *Sie* sind immer noch verliebt!"

Bilden wir uns doch nicht ein, wir wüßten, was im Herzen - oder im Haus - eines anderen vorgeht. Karin half eines Abends in der Küche des Gemeindesaals, als Lisa, die zweite Frau eines Diakons, einen Topf mit Essen hereinbrachte. Als sie wieder gegangen war, wandte sich eine andere Mitarbeiterin Karin zu und plapperte: „Diese Ehe wurde im Himmel geschlossen! Ich habe noch nie so eine glückliche Familie gesehen. Ist es nicht wunderbar, wie der Herr sie zusammengeführt hat, nachdem ihre ersten Partner gestorben waren? Sie sind ja sooo verliebt."

Karin lächelte und beschäftigte sich schnell am Spülbecken. Ihr Mann und sie trafen sich öfter mit dem Ehepaar und wußten, wie es in Wirklichkeit mit dieser Ehe stand: Beide bereuten zutiefst diese Ehe, konnten die Kinder des anderen nicht ausstehen und fragten sich, wo sie ihren Kopf hatten, als sie beschlossen, zu heiraten.

Wann endlich hören wir auf damit, unsere Ehe mit der Ehe anderer zu vergleichen - und zu denken, die der anderen sei besser?

Jeder von uns kann perfekt sein - etwa zwei Sekunden am Tag. Probleme entstehen, wenn wir andere zufällig während dieser zwei Sekunden sehen und denken, sie seien immer so. So leben wir dahin und versuchen, unrealistischen Erwartungen gerecht zu werden, und beladen unseren Ehepartner mit Spannungen, weil alles nicht immer ideal ist. Denken Sie daran, niemand kann einen Marathon sprinten, und da die Ehe eine Reise über eine weite Strecke ist, dürfen wir uns ruhig entspannen und die Landschaft während der Fahrt genießen.

Ich finde es toll, daß Jesus sagte „Kommt her zu mir" - und daß er *nicht* sagte: „Kommt mit der richtigen Einstellung" oder „Kommt mit einem Lächeln auf den Lippen" oder gar „Kommt ohne Tränen". Er sagte einfach: „Kommt!" Also sprechen Sie mit ihm über die Enttäuschungen, die Sie in der Beziehung mit Ihrem Partner erleben.

Warum fassen wir eigentlich nicht tagtäglich den Beschluß, unseren Ehepartner zu ermutigen, anstatt zu erwarten, daß er, der ja keinen Drehbuchautor hat, alle unsere Bedürfnisse erfüllt?

Wir brauchen christliche Vorbilder

Viele Männer und Frauen hatten in ihrer Jugend keine christlichen Vorbilder, deshalb wissen Sie heute nicht, wie man eine Ehe lebt. Natürlich haben sie die Bibel als Richtschnur, aber sie brauchen ältere Ehepaare, die diese gottgegebenen Grundsätze in die Tat umsetzen und ihnen zeigen, „wie man eine Ehe richtig lebt". Einige Gemeinden bieten Gruppen an, in denen je ein älteres, erfahrenes Ehepaar mit einem jüngeren zusammengebracht wird, diesem hilft und es durch Krisen hindurchliebt.

Solch ein Ehepaar war für Eric und Belinda der Rettungsanker, als sie sich nicht darüber einigen konnten, wo sie wohnen sollten. Belinda war in einer Familie aufgewachsen, die oft umzog und immer in heruntergekommenen Wohnungen wohnte. Sicherheit bedeutete für sie ein Haus - komplett mit weißem Lattenzaun -, und sie wollte es jetzt. Eric dagegen wollte mindestens noch ein Jahr lang in ihrer Wohnung bleiben, damit sie die verschiedenen Gebiete in der Stadt anschauen und eine größere Summe für die Anzahlung zusammensparen können. Belindas ständige Bitten hielt er für Nörgeln und hörte gar nicht mehr recht zu. Das wiederum vergrößerte

ihre Angst, daß sie nie die Sicherheit bekommen würde, auf die sie während ihrer Kindheit verzichten mußte.
Dann kamen sie an einem Samstagmorgen beim Frühstück mit Clyde und Grace, einem älteren Ehepaar, das ihnen zugewiesen worden war, auf die Wohnungsfrage zu sprechen. Bereits nach wenigen Minuten hatte das ältere Paar die Wurzel des Problems erkannt: das unterschiedliche Sicherheitsgefühl der beiden. Sie erzählten dem jungen Ehepaar ein bißchen über ihre eigenen Meinungsverschiedenheiten zu Beginn ihrer Ehe. Zwei Paare waren an diesem Tag glücklich, als sie sich trennten: Clyde und Grace, weil sie einem anderen Ehepaar helfen konnten, und Eric und Belinda, weil sie ein neues Verständnis füreinander und ihre Beweggründe gewonnen hatten.

Männer brauchen die Achtung anderer

Natürlich wollen auch Frauen geachtet werden, aber für Männer ist dies ein besonders kritischer Punkt. Achtung vor Ihrem Mann beginnt damit, daß Sie ihn nicht mit einem anderen vergleichen, sei es mit einem Fernsehhelden oder einem echten Mann. Ich erinnere mich an einen besonders frustrierenden Vormittag, als Don mehrmals ins Eisenwarengeschäft fuhr, um ein Teil zu kaufen, damit er unseren Wäschetrockner anschließen konnte. Nach der dritten Fahrt begann er, sich zu beschimpfen, sagte, jeder „Dummkopf" könne so etwas. Ich hätte seine Unfähigkeit bestätigen und vorschlagen können, er solle John anrufen, einen Freund, der alles schaffte, oder gar einen Handwerker holen, doch ich wußte, daß diese Arbeit inzwischen für ihn zu einer persönlichen Herausforderung geworden war.

„Donnie, du bist nicht dumm!" sagte ich. „Ein Dummkopf wüßte nicht einmal, nach welchem Teil er fragen müßte. Ich denke, in Wirklichkeit gehst du gerne in den Eisenwarenladen, um diese neue blonde Kassiererin anzuschauen. Sie ist süß, nicht wahr?"

Er grinste, fuhr noch ein letztes Mal zu dem Laden und hatte bis zum Mittagessen die Arbeit erledigt.
Aber wenn er es nicht geschafft hätte und ein Handwerker hätte kommen müssen? Dann wäre es das Beste gewesen, ihm zu sagen, daß er Dinge tun kann, die andere Männer nicht können, einschließlich mit mir auskommen – eine Bemerkung, die immer ein schnelles Lächeln auf sein Gesicht zauberte – und die Steuererklärung ausfüllen und hitzige Verwandte beruhigen. Hauptsache, Sie helfen Ihrem Mann, sich auf seinen Wert als Person, als Mann und Ehemann, zu konzentrieren.

Männer brauchen Freiraum

Wenn wir Frauen in Schwierigkeiten sind, trommeln wir oft am liebsten alle Menschen, die uns nahestehen, zusammen, damit sie uns helfen, die Situation durchzuarbeiten und eine schnelle Lösung zu finden. Aber ein Mann hat oft das Bedürfnis, alleine zu sein, um die verschiedenen Lösungsmöglichkeiten durchzudenken. So lassen Sie ihm diesen Freiraum. Wenn Sie ihm diese Zeit alleine zugestehen, wird er zurückkommen. Aber wir dürfen ihm nicht in die Garage, dann zurück ins Haus und schließlich zum Briefkasten nachlaufen und dabei die ganze Zeit quengeln: „Was ist los? Was habe ich getan?“

Besser ist es, zu zeigen, daß Sie erkannt haben, daß er aus der Fassung gekommen ist. Fragen Sie, ob Sie etwas falsch gemacht haben und wenn ja, wie Sie es wiedergutmachen können. Fragen Sie, ob er darüber sprechen möchte. Wenn nicht, sagen Sie ihm, daß Sie gesprächsbereit sind, falls er später sprechen möchte, und lassen Sie ihn dann in Ruhe. Ich wollte, ich hätte früher gewußt, daß Männer im allgemeinen nicht gerne gedrängt werden. Ich ersparte uns beiden viel Kummer, als ich endlich verstand, daß Don die Situation erst verarbeiten mußte, bevor er darüber in Ruhe mit mir sprechen konnte.

Männer brauchen Vertrauen

Ich werde traurig, wenn ich an einen jungen verheirateten Matrosen denke, der versuchte, ein gottgefälliges Leben zu führen, während er unterwegs und von vielen weltlich gesinnten Schiffskameraden umgeben war, die, wenn sie im Hafen lagen, jeder Versuchung nachgaben. Er brauchte die Ermutigung und das Vertrauen seiner Frau. Aber ihr Vetter berichtete ihr ständig über seine eigenen sündhaften Abenteuer in denselben Häfen und fügte hämische Kommentare an, wie „Gerade jetzt ist er wahrscheinlich in diesem kleinen rosafarbenen Haus!"

Anstatt ihrem Mann ihre Liebe und ihr Vertrauen auf seine guten Entscheidungen zu versichern, ließ seine Frau bei jedem Telefongespräch eine Tirade von Anschuldigungen darüber, wo er zweifellos gewesen war, auf ihn los. Er war Tausende von Kilometern von zu Hause weg, schrecklich einsam und hatte den Eindruck, einen verlorenen Kampf zu kämpfen.

Welch ein Geschenk hätte seine Frau ihm machen können, wenn sie ihr Vertrauen zu ihm betont hätte, zunächst ihrem Vetter und dann ihrem Mann selbst gegenüber! Aber aus Angst hörte sie auf jemanden, der seine eigenen Taten auf einen anderen projizierte. Leider zerbrach diese Ehe.

Männer wollen sich angenommen fühlen

Wir Frauen verstehen uns gut aufs „in Ordnung bringen", weil man uns das von frühester Kindheit an beigebracht hat. Aber unsere Männer wollen nicht, daß wir sie in Ordnung bringen. (Sie brauchen eine Frau, keine zweite Mutter.) Einige von Ihnen denken jetzt bestimmt: „Aber es ist schwierig, danebenzustehen und zuzuschauen, wie er es falsch macht." Hmmm. Sprechen wir doch einmal über den Begriff „falsch". Wenn wir von Annahme und Anerkennung sprechen, denken wir natürlich an bedeutende Bereiche wie Berufswahl und Geschmack bei Kleidung, und jede Frauenzeitschrift ließ sich bereits darüber aus, wie wichtig es ist, unserem Partner das sichere Gefühl zu geben, daß seine Frau ihn schätzt. Also sprechen wir über etwas Lästigeres: das Zusammenlegen von Handtüchern. Jede Frau scheint ein besonderes System zu haben (auf dem sie besteht), wie Badetücher zusammenzulegen sind. Wenn ihr Mann es nicht richtig macht, besteht sie vielleicht darauf, es selbst zu besorgen. Und die meisten Männer lassen sie nur allzu gerne machen.

In diesem Fall dürfen Sie dann aber nicht darüber klagen, daß er Ihnen nie hilft. Sie müssen geduldig und liebevoll sein - und bereit, etwas zu akzeptieren, das ihren Standard der Perfektion nicht erreicht. Denken Sie darüber nach. Ist es wirklich so wichtig, ob Handtücher mit den Kanten nach innen gefaltet oder einfach zusammengelegt werden? Hauptsache, sie sind zusammengelegt. Sie sagen vielleicht: „Aber es ist genauso leicht, sie zweimal zu falten als nur einmal. Warum macht er es dann nicht einfach richtig?"

Meine jungverheiratete Freundin Kathy erzählte mir neulich von der Meinungsverschiedenheit, die ihr Mann und sie wegen der Wäsche hatten. Beide hatten vor ihrer Hochzeit mehrere Jahre alleine gelebt, so daß sie beide ihre feste Methode fürs Wäschewaschen hatten.

Ein Problem ergab sich, weil Tim keine Erfahrung mit den besonderen Waschvorschriften vieler Damenbekleidung hatte. Kathy fand viele ihrer Sachen zerknittert, die nicht zerknittert gewesen wären, wenn sie sie gewaschen hätte, und einmal steckte er ihre Nylonstrümpfe und BHs in den Trockner, obwohl man sie tropfnaß aufhängen hätte müssen. Obwohl er so nett war, mit der Wäsche zu helfen, erfüllte er nicht immer Kathys Erwartungen dabei.

Kathy erkannte, wie ich zu erklären versuchte, daß ihre Beziehung zu ihrem Mann viel wichtiger als der Zustand ihrer Kleidung war. Schließlich starb sie nicht gleich, wenn einige Sachen zerknittert oder ein Paar Nylonstrümpfe kaputt waren. Sie dachte, daß sie sich hier genügend angepaßt hatte, bis zu einem Samstagmorgen.

An diesem Tag wusch Kathy die Wäsche, und Tim, der gerade im Keller war, begann, das Wasser in die Waschmaschine laufen zu lassen, damit sie gleich anfangen konnte. Bis sie die Treppe herunterkam und die Wäsche sortierte, war die ganze Waschmaschine voll Wasser. Sie geriet außer sich bei dem Gedanken, ihre Kleider in all das Wasser werfen zu müssen, rief ihn herunter und ließ ihn die Wäsche selber waschen. Dies brachte Kathys Frustration über diese Frage an den Tag, so beschloß sie, mit Tim über das ganze Wäscheproblem zu sprechen.

Berechtigterweise war Tim ärgerlich, daß seine Frau über etwas derart Belangloses und dazu noch seinen Versuch, ihr zu helfen, wütend war. Schließlich beschlossen sie, daß sie sich mit Wäschewaschen immer noch abwechseln würden, aber da er nicht wußte, wie ihre verschiedenen Sachen zu waschen sind, würde sie ihre Wäsche sortieren und ihm genaue Anweisungen geben, bevor er anfing. Aber sobald einer von ihnen angefangen hatte, würde der andere sich heraushalten und nicht versuchen, zu helfen, da sie erkannten, daß sie verschiedene Methoden hatten, die gleich gut, aber miteinander unvereinbar waren!

Persönlich halte ich es für erbärmlich, wenn eine Frau ihr Bedürfnis nach Macht - daß es „richtig" gemacht wird - über die Selbstachtung ihres Mannes stellt. Natürlich wird er, wenn er versucht, Sie zufriedenzustellen, schließlich begreifen, wie Sie diese dummen Handtücher gerne zusammengelegt und ihre Unterwäsche gewaschen haben möchte. Aber bis dahin sage ich, nehmen Sie's leicht.

Wir alle brauchen Anerkennung

Sagen Sie Ihrem Ehepartner „Danke, Du warst mir eine große Hilfe", dann wird er das nächste Mal mit Freuden wieder helfen. Und die ehrliche Bemerkung „Ich fand es toll, wie du mit Georg umgingst. Deine Ruhe half ihm, seine Wut zu zügeln, und bestimmte die Atmosphäre der ganzen Tagung", wird ihn tagelang beschwingen und ihm helfen, die nötige Ruhe wieder an den Tag zu legen. Es ist doch eine Tatsache, daß wir alle möchten, daß unsere Bemühungen bemerkt - und anerkannt - werden.

Mir gefällt die Geschichte von dem Zirkusdirektor, der von einem verdrießlichen Fensterputzer herausgefordert wurde: „Wieso braucht ihr Zirkusleute immer Applaus?" fragte er. „Ich putze die ganze Woche lang Fenster, und niemand applaudiert."

Der Zirkusdirektor lächelte: „Aber stell dir vor, wie anders deine Arbeit wäre, wenn du Applaus bekämst!"

Wie würde ein bißchen „verbaler Applaus" Ihre Beziehung ändern? Ganz besonders Männer brauchen Verehrung. Natürlich werden Männer nie sagen: „Ich möchte, daß du mich jetzt ein bißchen verehrst", aber versuchen Sie es hin und wieder, und Sie werden sehen, was geschieht. Nein, nicht: „Ach, du bist der größte, stärkste Mann der Welt!", sondern eine ehrliche Anerkennung seiner Bemühungen und Fähigkeiten.

Vor kurzem besuchten mich meine New Yorker Freunde Tim und Louann, ein junges Ehepaar mit zwei kleinen Kindern. Beim Abendessen sprachen wir über gemeinsame Bekannte, als Louann ein Ehepaar erwähnte, das vor vier Jahren geheiratet hatte. Sie schüttelte den Kopf und meinte: „Glenda verehrt ihren Philip ganz einfach." Sie sagte es mit leichter Abscheu, aber ich sah den Ausdruck auf Tims Gesicht - ein Sehnen. Als würde er denken: *Ich wünsche mir, du würdest mich verehren.* Und vielleicht brauchte ihre Beziehung gerade etwas ehrliche Bewunderung und Verehrung.

Bei Ehepaarfreizeiten wage ich die folgende Bemerkung: „Frauen, wenn ihr mehr wie eine Königin behandelt werden wollt, versucht, euren Mann wie einen König zu behandeln." Einige der Frauen starren mich dann an, aber die Männer nicken jedesmal. In dieser jämmerlichen Welt suchen wir alle nach einem sicheren Hafen, einem Ort, wo wir uns geborgen, geliebt, anerkannt und auch ein bißchen verehrt fühlen. Bemühen wir uns, einander diesen Hafen zu bieten.

Erkennen Sie, daß Männer nicht wie Frauen denken

Erinnern Sie sich an das Lied „Kann eine Frau nicht sein wie ein Mann“ aus *My Fair Lady?* Professor Higgins war enttäuscht darüber, daß seine Schülerin wie eine Frau und nicht wie ein Mann dachte! Wir lachen darüber, aber schon oft hörte ich, wie junge Frauen sich wünschten, daß ihr Mann wie eine Frau denkt. Es ist erstaunlich, daß wir jemanden heiraten, weil er genau die Eigenschaften mitbringt, die uns fehlen, und dann den Rest unseres Lebens mit dem Versuch verbringen, diesen Menschen zu ändern.

Ich hatte das Glück, früh zu lernen, daß Männer und Frauen unterschiedlich sind – und das lernte ich in einer winzigen Baptistenkirche am Ufer des Cumberland-Flusses in Kentucky.

Außerdem lehrten Jay und Holly, unsere Kinder, mich, daß Männer und Frauen so verschieden wie Tag und Nacht sind, auch wenn sie in derselben Familie von den selben Eltern erzogen wurden. Drei Monate nach unserem Umzug nach Colorado flogen sie nach New York zurück, um das Theaterstück anzuschauen, das ihre Freunde in ihrem ehemaligen Gymnasium aufführten. Sie flogen am selben Morgen ab, aber da ihre Freunde unterschiedliche Pläne hatten, nicht am selben Tag zurück. (Übrigens will Jay im Flugzeug nicht neben Holly sitzen. Wenn Sie Kinder in diesem Alter haben, denken Sie nicht, daß sie sich weniger mögen, nur weil sie in der Öffentlichkeit nicht zusammen gesehen werden wollen. Jay will nicht neben seiner Schwester sitzen, ja tut, als kenne er sie nicht, aber ich bemerkte, daß er sie mit Adleraugen bewacht, und ich möchte jedem abraten, sich an sie heranzumachen.)

Am Mittwoch holte ich Holly vom Flughafen in Denver ab. Sie stieg aus dem Flugzeug, umarmte mich und begann zu erzählen. Sie redete eine Stunde und fünfzehn Minuten lang! Sie und Jay waren letzten Sonntag in unserer New Yorker Gemeinde, und so erfuhr ich, wer eine neue Frisur hatte, wer geheiratet hatte, wer schwanger war, wer ein Baby bekommen hatte, wieviel das Baby bei der Geburt wog, wie es hieß und wie die Mutter es für die Kirche angezogen hatte. Ich erfuhr sogar, welche Krawatte der Pastor trug. Sie redete pausenlos, bis wir zu Hause waren, wo das Telefon klingelte. Der Anruf war für Holly.

Am Tag darauf holte ich Jay am Flughafen ab. Er stieg aus dem Flugzeug, umarmte mich und sagte: „Hallo Mama. Alle, die du in New York kennst, lassen dich grüßen“. Ende des Gesprächs. Er sagte kein Wort mehr. Er las die ganze Zeit auf dem Weg nach Colorado Springs.

Ich erzähle das alles, damit ihr Frauen nicht erwartet, daß die Männer eures Lebens so reagieren, wie eure liebe Freundin oder eure Tochter reagieren würde. Beide, Männer und Frauen, sollten aufhören, zu erwarten, daß ihr Ehepartner sich an ein ungeschriebenes Drehbuch hält, in dem festgelegt ist, wie ein Mann oder eine Frau reagieren sollte. Und dann lehnen Sie sich zurück und beobachten, welch angenehme Dinge geschehen.

Merken Sie sich:

1. *Man sollte nicht erwarten, daß ein Ehemann in einer bestimmten Situation genauso reagiert wie ein Fernsehheld, der zwölf Drehbuchautoren hat.*

2. *Viele junge Ehepaare haben mehr billige Fernsehkomödien als wirkliche Beispiele christlicher Ehen gesehen. Deshalb haben sie keine Ahnung davon, daß eine tragfähige Beziehung zuallererst Verbindlichkeit und dann harte Arbeit voraussetzt.*

3. *Jeder von uns kann perfekt sein – etwa zwei Sekunden am Tag.*

4. *Bilden wir uns doch nicht ein, wir wüßten, was im Herzen – oder im Haus – eines anderen vorgeht.*

5. Niemand kann einen Marathon sprinten, und da die Ehe eine Reise über eine weite Strecke ist, dürfen wir uns ruhig entspannen und die Aussicht während der Fahrt genießen.
6. Als der Herr sagte: „Kommt her zu mir", fügte er nicht hinzu: „aber kommt mit einem Lächeln auf den Lippen". Also sprechen Sie mit ihm über die Enttäuschungen in Ihrer Ehe.
7. Wir brauchen christliche Vorbilder, die uns „richtige" Ehe vorleben.
8. Männer brauchen die Achtung anderer.
9. Die folgenden drei Eigenschaften sollten die Richtschnur Ihrer Beziehung sein: Angenommensein, Anerkennung und Verehrung.
10. Erkennen Sie, daß Männer nicht wie Frauen denken.

Fragen zur Diskussion:

1. Welche Probleme entstehen, wenn Sie Ihren Ehepartner mit einem Fernsehhelden vergleichen?
2. Wurden Sie und Ihr Ehepartner von einem älteren Ehepaar freundschaftlich angeleitet? Wenn ja, wie war es?
3. Welches Erlebnis öffnete ihnen die Augen dafür, daß Männer nicht wie Frauen denken?
4. Wie reagierte jeder von Ihnen? Was war das Ergebnis?
5. Was hätten Sie gerne am Anfang Ihrer Ehe über Achtung vor dem Ehepartner gewußt?
6. Wie zeigen Sie einander gegenseitig Angenommensein, Anerkennung und/oder Verehrung? Was ist das Ergebnis?

5.

Männer lesen Zeitung, nicht Gedanken

KAPITEL 5

Fünfzehn Jahre lang unterrichtete ich und ließ oft Klassenarbeiten schreiben. Da ich für eine unvollständige Antwort nur einen Teil der möglichen Punktzahl gab, fragte jedesmal ein Schüler: „Warum haben Sie vier Punkte abgezogen? Sie wußten doch, was ich meinte." Meine Antwort war immer gleich: „Nein, ich lese, was Sie schreiben, nicht Gedanken."

Daran sollte jede Frau denken, die erwartet, daß ihr Mann intuitiv weiß, was sie von ihm möchte. Erst nach mehreren Enttäuschungen hat Marie das begriffen. Sie schlenderte gerne durch Antiquitätenläden, und wenn sie ein neues Stück für ihr Nippesregal fand, um so besser. Aber sie war enttäuscht, weil sie gerne zusammen mit ihrem Mann durch die Geschäfte gegangen wäre. Sie bat ihn nie darum, ärgerte sich aber, weil er es von sich aus nicht anbot.

In ihren Gedanken stritt sie mit ihm: *Ich fahre so oft mit dir Auto, aber gehst du vielleicht mit mir in das Antiquitätengeschäft? Neiiin! Aber wenn einer von deinen Kumpeln mit dir wohin gehen will, bist du schon weg, bevor er den Hörer auflegen kann!*

Eines Tages disputierte sie so sehr in ihren Gedanken, daß sie schließlich laut zu Mark sagte: „Es ärgert mich wirklich, daß du nicht mit mir in die Antiquitätenläden gehen willst!"

Er schaute sich um, als ob er sich fragte, wo in aller Welt diese Äußerung herkam. Dann sagte er ruhig: „Ich wußte nicht, daß du mich dabeihaben wolltest. Du hast nie etwas gesagt, so nahm ich an, du wolltest diese Zeit für dich alleine haben."

Jetzt war *sie* erstaunt. „Aber du hättest wissen müssen, daß ich dich gerne dabei gehabt hätte!"

„Aber Marie, wie hätte ich das wissen können?" fragte er. „So sehr ich dich auch liebe, deine Gedanken kann ich nicht lesen."

Gereizt schnaubte Marie: „Also willst du jetzt mit mir in die Antiquitätengeschäfte gehen?"

Mark grinste. „Gerne, Schatz. Danke, daß du es mich wissen läßt."

Eine einfache Lösung

Frauen, seien wir ehrlich. Andeutungen, Schmollen und Seufzen führen nicht zu den erwünschten Ergebnissen. Man muß sich schon klar und deutlich ausdrücken. Die meisten Männer denken so sehr in „elementaren Strukturen", daß man alles klipp und klar darlegen muß. Als ich im Gymnasium Erörterung und Rhetorik unterrichtete, empfahl ich den Schülern, ihre Abhandlung in drei Teile zu gliedern: Problemstellung, Ursache, Lösung. Würde das nicht auch in einer Ehe funktionieren? Was halten Sie von folgendem Satz: „Ich fühle mich überlastet (Problemstellung), weil ich terminlich sehr gefordert bin (Ursache), deshalb möchte ich einmal in der Woche eine Putzfrau anstellen" (Lösung)?

Es kann natürlich sein, daß Ihr Mann damit nicht einverstanden ist und andere Lösungen vorschlägt. Aber zumindest fühlt er sich nicht persönlich angegriffen, wie etwa durch den Satz: „Nie hilfst du im Haushalt. Ich werde eine Putzfrau einstellen." Ich bin überzeugt, daß eine solch klare Botschaft Wunder wirkt.

Als ich in New York für eine christliche Zeitschrift arbeitete, hatte ich oft Gelegenheit, mit Delia Garcia, einer unserer Familienberaterinnen, Hausbesuche zu machen. Eines Nachmittags saßen wir in der Wohnung einer Familie, in der es kriselte. Die Frau hatte angerufen und schluchzend hervorgestoßen, daß sie sich schließlich damit abgefunden habe, daß mit ihrer Ehe Schluß sei. Sie wollte von uns Fahrkarten für sich und ihre beiden kleinen Kinder, damit sie zu ihren Eltern zurückfahren könne.

Bald saßen Delia und ich auf wackligen Küchenstühlen in der winzigen Wohnung der Familie. Die Frau saß auf einem verblichenen Sofa, ein schweigsames, etwa zweijähriges Mädchen mit weit aufgerissenen Augen auf dem Schoß. Der Sohn, vielleicht fünf Jahre alt, war an sie gelehnt. Der Mann holte sich einen Klappstuhl und setzte sich, die Arme herausfordernd verschränkt, aber mit einem verständnislosen Ausdruck auf dem Gesicht.

Wir plauderten über Allgemeines – wie es dem Sohn im Kindergarten ging, wie die Ehepartner sich kennengelernt hatten, die Arbeitsstelle des Vaters bei der Müllabfuhr. Dann kam Delia zur Sache: „Sie haben also Schwierigkeiten in Ihrer Ehe. Könnten Sie uns etwas darüber erzählen?"

Der Mann zuckte mit den Schultern und schaute seine Frau an. Sie drückte das kleine Mädchen enger an sich und sagte leise: „Mit unserer Ehe ist Schluß. Ich liebe ihn, aber er liebt mich nicht mehr."

Er runzelte die Stirn, schüttelte den Kopf und wandte sich wieder an Delia: „Ich arbeite schwer. Ich mache sogar Überstunden, damit sie nicht arbeiten gehen muß, sondern bei den Kindern bleiben kann. Damit sie sich mit dem Baby etwas ausruhen kann, gehe ich am Sonntagnachmittag mit dem Jungen auf den Spielplatz. Wie kann sie sagen, ich liebe sie nicht?" Er zuckte wieder mit den Schultern.

Delia wandte sich von neuem an die Frau: „Warum denken Sie, daß er Sie nicht liebt?"

Tränen stiegen in die dunklen Augen der Frau. „Er kommt nach Hause, füllt sich seinen Teller mit dem, was ich gerade auf dem Herd stehen habe, geht ins Schlafzimmer und schaltet den Fernseher ein. Er ißt nie mit uns."

Der Mann starrte seine Frau wie vom Donner gerührt an. Dann wandte er sich an Delia und sagte: „Ich komme schmutzig nach Hause, fülle meinen Teller, dusche schnell und esse, während ich die Nachrichten anschaue."

Delia lächelte. „Wäre es möglich, daß Sie all das tun, außer essen? Nach den Nachrichten könnten Sie dann gemeinsam mit Ihrer Familie essen, anstatt alleine im Schlafzimmer.“

Er runzelte die Stirn und schaute wieder auf das verweinte Gesicht seiner Frau. „Okay. Das ist möglich. Ich wußte nicht, daß das so ein großes Problem ist.“

Kreative Zahlen

Kommunikation ist lebenswichtig für Ehepaare, denen an ihrer Beziehung etwas liegt. Und nicht nur Männern fällt es schwer, herauszufinden, was ihr Ehepartner eigentlich will. Fragen Sie nur Anna.

Sie und Ernst waren nicht mehr die Jüngsten, als sie heirateten, und vielleicht hatte jeder von ihnen auch schon etwas eigene Gewohnheiten. Ihre Kommunikation wurde durch Ernsts Schüchternheit und dadurch, daß seine Muttersprache nicht Englisch war, erschwert. Oft beachtete Anna Ernsts Bemerkungen gar nicht, weil er sie nur beiläufig äußerte, oder sie war sich nicht sicher, ob sie richtig verstanden hatte, was er meinte.

An einem Morgen im Mai kam dann die Anzeige, daß sein Neffe, der fast tausend Kilometer weiter weg wohnte, sein Examen bestanden hatte. In Annas Verwandtschaft war es üblich, bei solchen Anlässen einen Scheck zu schicken, aber Ernst erwähnte beiläufig, daß er gerne an der Feier teilnehmen würde.

„Ach, schick doch einfach eine Karte“, meinte sie schnell.

Ernst nickte und ging zur Garage, aber irgend etwas an seiner stillen Resignation erregte Annas Aufmerksamkeit. Als sie über das Dilemma nachgrübelte, drehte sie den Briefumschlag mit der Nachricht um und zeichnete eine Tabelle – fünf Kästchen in einer Reihe, numeriert von eins bis fünf. Dann beschriftete sie jedes Kästchen: Eins bedeutete „Das will ich auf keinen Fall“, zwei: „Ich will es nicht, bin aber bereit, darüber zu sprechen“, drei: „Es ist mir egal", vier: „Ich möchte es gerne, aber wenn wir es nicht tun, kann ich mich damit abfinden" und fünf hieß: „Ja, das ist mir sehr, sehr wichtig".

Sie brachte Ernst die Tabelle, erklärte die Zahlen und fragte ihn, wo er die Examensfeier seines Neffen einordnen würde.

Zu ihrer Überraschung zeigte Ernst auf die fünf und sagte: „Es ist mir wirklich sehr wichtig."

Anna hatte seine Familie an der Hochzeit kennengelernt und erinnerte sich daran, daß sie mit Ernst nur in ihrer Muttersprache sprachen, sogar in ihrer Gegenwart, obwohl sie zum Teil ausgezeichnet Englisch sprachen. Jetzt stand sie vor einer Entscheidung: Würde sie Ernst zu der Examensfeier begleiten?

Anna nahm wieder die Tabelle zur Hand und fragte Ernst, wie wichtig es ihm sei, daß sie ihn begleite. Er überlegte einen Augenblick, dann sagte er: „Vier. Ja, vier. Ich möchte dich gerne dabei haben, aber ich verstehe, wenn du nicht mitkommen willst."

Da er an dieser neuen Kommunikationsmethode Spaß fand, fragte er: „Für welche Zahl würdest du dich entscheiden?"

Anna graute vor der langen Autofahrt und davor, daß die Familie nicht Englisch sprechen würde, also hätte sie aus einer augenblicklichen Regung heraus am liebsten die eins gewählt, die Antwort „Das will ich auf keinen Fall." Aber wenn dieses Ereignis für Ernst so wichtig war, sollte sie vielleicht in dieser Frage mit sich reden lassen. Also entschied sie sich für die Zwei: „... aber ich bin bereit, darüber zu sprechen."

Als sie darüber sprachen, erklärte Anna, wie ihr vor der endlosen Autofahrt an einem Tag graute, denn so fuhr Ernst im allgemeinen. Zu ihrer Überraschung nickte er und sagte: „Wir könnten einen Tag früher losfahren und nachmittags an einem netten Ort anhalten und dort übernachten. Am nächsten Morgen könnten wir ausschlafen, gemütlich frühstücken und trotzdem bei meinem Bruder zu der Zeit ankommen, zu der sie uns normalerweise erwarten."

Nachdem diese Hürde überwunden war, erklärte Anna ihre Sorge darüber, daß seine Verwandten sie aus den Gespächen ausschließen, indem sie ihre Sprache sprechen. Ernst schaute sie verblüfft an. „O, wir wollen nicht unhöflich sein. Wir ereifern uns im Gespräch, und sie wissen, daß ich mich nicht so gut in Englisch ausdrücken kann. Aber wir werden uns bessern."

So wurden die Vorkehrungen getroffen, und zu Annas Erstaunen war die Fahrt herrlich. Sie war nicht nur erholsam, denn seit Anna wußte, daß Ernst den Eindruck hatte, sich nicht gut genug in Englisch ausdrücken zu können, war sie nachsichtiger, wenn er hin und wieder in seine Muttersprache verfiel. Und sie fand in ihrer fünfzehnjährigen Nichte Sabrina eine Verbündete, die nur allzu gerne für Anna übersetzte. Diese vergnügliche gemeinsame Zeit wäre nicht zustande gekommen, wenn Anna nicht eine bessere Kommunikationsmethode mit ihrem Mann gefunden hätte.

Sprachen der Liebe

Ich wünschte, ich hätte früher gewußt, daß Ehepartner sich auf verschiedene Art und Weise „Ich liebe dich" sagen können. Ich wußte nicht, daß es tatsächlich fünf Sprachen der Liebe gibt: Worte, Geschenke, Berührung, gute Dienste, Zeit füreinander haben.

Ich hörte zum ersten Mal davon, als Dr. Gary Chapman, ein Pastor und Berater vor einigen Jahren auf der Maranatha Bibel- und Missionskonferenz sprach. Ich hörte ihm gespannt zu, als er ankündigte, er werde darüber sprechen, wie man Liebe auf verschiedene Weise ausdrücken kann und daß ein Mann und eine Frau nicht dieselbe Sprache der Liebe sprechen. Dann nannte er die fünf Sprachen:

Worte

Wer die Sprache der Worte versteht, möchte Dinge hören wie „Ich liebe dich", „Danke", „Ich bin froh, daß du zu unserer Familie gehörst", „Ich bin froh, mit dir verheiratet zu sein."

Während ich Dr. Chapman zuhörte, nickte ich. Mit meiner direkten Art identifizierte ich mich mit denen, die sich die klarumrissenen Aussagen von Worten wünschen.

Geschenke

Ein Geschenk sagt den Menschen, die diese Sprache verstehen: „Ich dachte an dich, als ich das auf meiner Reise sah". Kaufen Sie dauernd für Ihren Partner Geschenke und verstehen nicht, warum er Ihnen nie ein Geschenk kauft? Alles, was dieser möchte ist, alle paar Wochen zum Abendessen ausgehen und plaudern? Er gehört zur Kategorie „Zeit füreinander haben".

Zeit füreinander haben

Für solche Menschen sind die gemeinsam verbrachten Stunden ein besonderer Ausdruck der Liebe. Als ich das hörte, verstand ich, warum die Männer in meiner Verwandtschaft darauf bestehen, daß ihre Frauen den ganzen Tag mit ihnen zum Angeln gehen: sie sind „Zeit"-Menschen.

Berührung

Dr. Chapman sagte, daß Ehemänner sich darauf am besten verstehen, aber oft den Eindruck haben, ihre Frauen sagten: „Keine Berührung ohne Worte". Aber Berührung muß nicht auf den Sexualakt beschränkt sein. Sogar unsere Jugendlichen, die zu „erwachsen" sind, um in den Arm genommen zu werden, freuen sich über einen Klaps auf den Rücken, wenn wir an ihnen vorbeigehen. Und wenn Ihr Sohn nach einem anstrengenden Tag nach Hause kommt und Sie ihn freundschaftlich an den Schultern fassen, merkt er, daß Sie ihm zugetan sind.

Gute Dienste

Wer auf gute Dienste ansprechbar ist, sagt: „*Rede* nicht über Liebe, zeig sie."

Ich erinnere mich an einen Samstag, als ich zu einer Versammlung gehen wollte und spät dran war und dann entdeckte, daß ein Reifen an meinem Auto platt war. Don bestand darauf, daß ich sein Auto nehme, damit ich nicht zu spät komme. Als ich zwei Stunden später zurückkam, hatte er nicht nur den Reifen gewechselt, sondern mein Auto auch gewaschen und gewachst. Das sprach Bände der Liebe!

Als meine Teenager und ich Dr. Chapman zuhörten, wandte sich Jay plötzlich an mich und sagte: „Du gehörst zu der Kategorie ‚Gute Dienste'!"

Ich nickte: „Du hast es kapiert."

Er beugte sich zu mir und flüsterte: „Ich fragte mich immer, warum du dich so aufregst, wenn ich mein Zimmer nicht aufräume."

Sehen Sie, Jay gehört zu den „Zeit"- Menschen. Sogar damals war er gerne mit mir zusammen, aber er war nie sonderlich daran interessiert, sein Zimmer aufzuräumen, weil es doch wieder unordentlich würde. Wenn er von der Tür bis zu seinem Bett gelangen konnte, war es ordentlich genug. Jetzt erkannte er, daß ich, wenn er sein Zimmer nicht aufräumt, denke: *Jay, du liebst mich nicht.*

Aber er sagte das gar nicht! Er drückte aus, daß er mich liebte, wenn er Zeit mit mir verbrachte oder einfach mit mir herumschlenderte.

Im Fall der Ehe sollte man wissen, daß Menschen dazu neigen, Liebe in der Weise auszudrücken, wie sie selbst gerne geliebt werden. Karin verbrachte mehrere Stunden damit, eine drei Seiten lange Liste mit Tätigkeiten zu erstellen, die sie ihrem Mann zum Geburtstag schenken wollte. Er war nicht sonderlich beeindruckt; er wollte nur einen ruhigen Tag zu Hause verbringen und den geschichtlichen Roman über den Zweiten Weltkrieg lesen, den er vor ein paar Wochen bei einem Flohmarkt erstanden hatte. Sie war verletzt, weil er so leicht etwas als erledigt betrachtete, in das sie viel Zeit gesteckt hatte. Sie hätte sich über ein eigens für sie gemachtes Geschenk dieser Art unheimlich gefreut. Aber hier liegt der springende Punkt: Sie schenkte etwas, das ihr gefiel, anstatt ihm zu geben, was er sich wünschte. Es ist wichtig, zu verstehen, welche Sprachen Sie und Ihr Ehepartner sprechen, damit Sie Ihre Liebe in der Weise ausdrücken können, die wahrscheinlich am besten verstanden wird und damit Sie die Liebesbotschaften Ihres Partners „hören", auch wenn sie ganz anders sind als das, was Sie erwarten.

Frauen brauchen Frauen

Dr. James Dobson sagt: „Die Forschung hat nachgewiesen, daß kleine Mädchen eine größere Sprachbegabung als kleine Jungen haben, und dieses Talent behalten sie ihr Leben lang. Einfacher ausgedrückt, sie spricht mehr als er. Als Erwachsene gibt Gott ihr vielleicht 50.000 Wörter pro Tag und ihrem Mann nur 25.000. Wenn er nach der Arbeit nach Hause kommt, hat er schon 24.975 aufgebraucht und brummelt sich nur noch durch den Abend. Er zieht sich vor den Fernseher zurück und schaut ein Fußballspiel an, während seine Frau nur darauf wartet, die 25.000 Wörter, die sie noch auf Lager hat, loszuwerden."[2]

Wir Frauen wollen alle Einzelheiten erzählen, aber unsere Männer interessieren sich nicht für die Einzelheiten. Hier ein Beispiel: Wenn Sie mit ihrer Freundin in ihrem Lieblingsrestaurant waren und ihr Mann fragt: „Wie war es?" so will er hören „Nena und ich konnten toll miteinander sprechen. Danke, daß du bei den Kindern geblieben bist. Das war wirklich nett von dir."

Wenn er keine weiteren Fragen stellt, ist das alles, was er hören möchte. Erzählen Sie ihm keinen Roman: „Es war wunderbar. Aber als wir hinkamen, mußten wir eine Zeitlang warten, weil der Kellnerin ein Tablett Gläser heruntergefallen war und sie gerade den

Boden aufwischte. Aber schließlich bekamen wir einen Tisch. Erinnerst du dich, wie gerne ich Grillhähnchen mit Rosenkohl bestelle? Nun, sie hatten keinen Rosenkohl mehr, und dann mußten sie Sauerteigbrot anstelle von Weizenvollkornbrot servieren. Weißt du noch, daß deine Mutter versprochen hat, mir das Rezept für Sauerteigbrot zu geben, aber bis jetzt hat sie es noch nicht getan..." Glauben Sie mir, er will das gar nicht hören.

Beobachten Sie Kinder beim Spiel. Die Mädchen sprechen und spielen in Beziehungen. Sie geben Anweisungen: „Nein, mach es so." Sie bestätigen: „So ist es recht. Lege sie dahin."

Aber Jungen – und Männer – treten durch Aktivitäten miteinander in Verbindung. Sie betreiben Mannschaftssport, spielen Golf, arbeiten an irgend etwas zusammen. Meistens gehen Männer nicht aus, um einfach nur miteinander zu sprechen. Ich denke an die abendlichen Fußballspiele, die Don und seine Freunde miteinander ansahen und die ich für Zeitverschwendung hielt. Ich fand es viel interessanter, mit den Frauen zusammen die neuesten persönlichen Nachrichten auszutauschen.

Wir Frauen brauchen einander, nicht nur, um uns gegenseitig zu ermutigen, sondern auch, um miteinander zu sprechen. Ein Mann kann seiner Frau nicht alles sein, was sie braucht. Und sie kann ihm auch nicht alles sein, was er braucht. Eine gute Beziehung bedeutet gewiß, gerne miteinander Zeit zu verbringen, aber andere Freundschaften und andere Pläne gehören auch dazu.

Seien wir ehrlich, meistens wissen Männer nicht, daß wir Frauen *keine* Lösungen hören wollen, wenn wir ein Problem haben. Wir wollen uns aussprechen und umarmt werden.

Theas Arbeitstag im Immobilienbüro war schrecklich. Zuerst sprang ihr Auto nicht an, dann sagten zwei Kunden ab, dann brachte sie bei einem anderen Haus, das ein dritter Kunde unbedingt besichtigen wollte, das Schloß nicht auf. Als sie heimkam, begann Fred wie immer: „Also, hast du ...?" Diesmal war Thea so klug, zu sagen: „Fred, ich will keine Ratschläge, ich will Mitgefühl. Und ein «ach, du Arme» wird mir gerade jetzt sehr weiterhelfen."

Fred schlang seine Arme um sie und sagte mit seinem breiten Akzent: „Armes, Liebes, hast so einen miserablen Tag gehabt. Ich massiere deine Schultern, und du erzählst mir, wie gemein die Leute alle waren."

Das klang so lustig, daß sie lächeln mußte, und bereits das half ihr, sich ein bißchen zu entspannen.

Von Mann zu Mann

Don und ich trafen uns gerne mit anderen Ehepaaren aus unserer Kirchengemeinde zur Bibelarbeit. Dabei konnten wir uns auf eine Tätigkeit konzentrieren und gleichzeitig die anderen Ehepaare viel besser kennenlernen. Zur Freude der Frauen erkannten die Männer allmählich, daß sie gerne mit anderen Männern wichtige Familienfragen durchsprachen. Und aus diesen Gesprächen gelangten sie zu der Einsicht, daß sie nicht die einzigen sind, die erst lernen müssen, mit diesem Wesen, das sie geheiratet hatten, umzugehen.

Diese Bibelarbeit wurde ähnlich der zur Zeit so weit verbreiteten „Austauschgruppen" durchgeführt, was nur ein ausgefallener Name für eine Gruppe von Freunden ist, die sich treffen und einander fragen, wie es ihnen wirklich geht. Ein Bekannter, Morrie, leitet jeden Mittwochvormittag eine Männergruppe. Als er sich für Jesus entschieden hatte, sagt er, halfen ihm die stille Ermutigung und der warme Händedruck anderer Männer, auf dem Weg zu bleiben und mehr über Gott wissen zu wollen. Die Männergruppe entstand aus einem Frühstückstreffen mit dem Pastor, als Morrie fragte: „Was können Sie mir über das Gebet beibringen?" Nach wenigen Wochen begann Morrie, sich jeden Mittwoch mit dem Pastor und zwei anderen Männern zum Frühstück zu treffen. Im Laufe der Zeit wuchs die Gruppe, da andere Männer zu dem Freundeskreis stießen.

Jetzt beginnen sie ihr Treffen mit Bibelarbeit, und der jeweilige Leiter der Woche fragt die einzelnen, wie die Gruppe am besten für sie beten kann. Das macht es den Männern leichter, sich zu öffnen und zu erzählen, was sie gerade erleben. Viele Gruppen beschränken ihre Mitgliederzahl, so daß kein Mann, wie es in einer zu großen Gruppe geschehen könnte, sich ausgeschlossen fühlt oder sich nicht mitteilen kann. Einige der Gruppen, die ich kenne, beginnen mit einem Bibelabschnitt oder einem Bibelvers, den jeder in der vorhergehenden Woche auswendig lernen und durchdenken sollte. Dann beantwortet jeder reihum einige wichtige Fragen: Wie war deine Woche? Wie steht es mit deiner Beziehung zu Gott, zu deiner Frau (oder für unverheiratete Männer, zu der Frau, mit der du gehst?), zu deinen Kindern? Vor welchen Versuchungen stehst du? Wie kommst du damit zurecht? Worum drehten sich deine Gedanken in dieser Woche? Nimmst du dir Zeit für das Wort Gottes und fürs Gebet? Wie können wir für dich beten?

Viele Männer sind darüber erstaunt, daß sie tatsächlich gerne über anderes als Fußball, Jagd und die Arbeit sprechen. Ein Mann sagte sogar, daß er es nicht glauben könne, daß er so lange über „all das andere Zeug" gesprochen habe und nie über die wichtigsten Dinge im Leben. Für viele ist Sprüche 27,17 von großer Bedeutung: „Ein Messer wetzt das andere und ein Mann den andern."

Und erstaunlicherweise wird alles tatsächlich besser, wenn man in diese Lebensbereiche Licht bringt, anstatt so zu tun, als sei alles in bester Ordnung. Die Augen vor diesen sehr realen Bereichen zu verschließen und sich zu sagen: „Ich werde keine Gelüste haben," ähnelt dem Spiel, das wir als Kinder miteinander trieben, indem wir sagten: „Denke nicht an einen schwarzen Hengst, der über ein Schneefeld galoppiert." Anstatt uns vorzusagen, woran wir nicht denken sollen, müßten wir unseren Geist mit guten Dingen füllen – wie wir unserem Ehepartner gefallen, unseren Kindern gute Erinnerungen geben oder auf andere Menschen zugehen können.

Manche Männer schrecken vor dem Wort Austauschgruppe zurück, da es Bilder heraufbeschwört, wie Menschen Geheimnisse über sich selbst erzählen und dann vor der Gruppe unbeherrscht losschluchzen. Aber denken sie doch dabei einfach an einen geschützten Ort, wo ein paar Männer entdecken können, daß sie in ihrem Kampf nicht alleine dastehen. J.P., leitender Angestellter einer großer Firma, zögerte, mit seinem Bekannten aus der Kirche zum Frühstück zu gehen, weil er nicht sicher war, daß er „dieses Zeug“ braucht. Aber zwei Schriftstellen überzeugten ihn schließlich davon, daß er es wenigstens versuchen sollte: Der Bericht über die Freundschaft zwischen David und Jonathan in 1. Samuel – insbesondere Kapitel 20, wo sie sich einander anvertrauten – und Prediger 4,9-10, wo wir lesen: „So ist's ja zu zweien besser als allein; denn sie haben guten Lohn für ihre Mühe. Fällt einer von ihnen, so hilft ihm sein Gesell auf. Weh dem, der allein ist, wenn er fällt! Dann ist kein anderer da, der ihm aufhilft.“

Sobald J.P. beschlossen hatte, es mit der Gruppe zu versuchen, war er erstaunt, wieviel Spaß er daran hatte. Jetzt endlich verstand er, was seine Frau an den Frauentreffen und -freizeiten so toll fand, an denen sie seit zehn Jahren teilnahm.

Genau das ist so fesselnd an der wachsenden Bewegung *Promise Keepers* (Männer, die Wort halten). Diese Bewegung, die von dem ehemaligen Fußballtrainer Bill McCartney gegründet wurde, motiviert Männer nicht nur, ihr Wort, das sie Jesus Christus, ihrer Frau, ihren Kindern, ihrer Kirche und Gemeinde gegeben haben, zu halten, sondern zeigt ihnen auch, wie man das macht.

Die Bewegung *Promise Keepers* begann vor einigen Jahren in Boulder, Colorado, mit gerade ein paar hundert Männern. Heute füllen die Versammlungen dieser Bewegung ganze Fußballstadien in allen Gegenden der Vereinigten Staaten. Dadurch bekommen Männer eine vertraute Umgebung – ein Fußballstadion – in dem sie wie „rechte Männer“ schreien und hurra rufen dürfen. Im Sommer 1995 arbeitete ich am Bücherstand von *Focus on the Family* (Brennpunkt Familie) bei der Versammlung der *Promise Keepers* in Denver. Glauben Sie mir, daß es einen packt, wenn man hört, wie fünfzigtausend Männer nicht eine Fußballmannschaft, sondern die Sache des Herrn hochleben lassen und jubeln, weil sie die Ehemänner und Väter sind, zu denen Gott sie berufen hat.

Versuchen Sie es mit ein bißchen höflicher Ehrlichkeit

Wenn ich bei Ehepaartagungen spreche, kommen die Männer anschließend nicht zu mir und sagen: „Nun, sie müßte doch wissen, was ich brauche." Ich denke, der Grund liegt darin, daß Männer ihrem Gegenüber direkter sagen, was sie wollen. Nur wir Frauen bilden uns ein, daß ein Mensch, der uns wirklich liebt, unsere Gedanken lesen und jedem kleinsten Wunsch, den wir hegen, zuvorkommen kann. Eine solch schwere Last dürfen wir einem anderen Menschen nicht aufbürden. Denken wir daran, sogar Gott will, daß wir ihm unsere Bedürfnisse und Wünsche sagen, und er ist der einzige, der wirklich unsere Gedanken lesen kann. Wieso sind wir bereit, unsere Bedürfnisse vor unserem himmlischen Vater auszubreiten, der sie ja schon kennt, aber oft unserem Ehepartner, der doch wahrlich darauf angewiesen ist, daß wir es ihm sagen, dieselbe Gefälligkeit verweigern?

Glauben Sie mir, meine Damen, Schweigen ist keine wirksame Form der Macht. Es erzeugt höchstens Ärger – einmal in Ihnen und dann in Ihrem Mann, wenn er merkt, daß Sie aufgebracht sind, und keine Ahnung hat, warum.

Wie typisch ist der folgende Gedankenaustausch? Der Mann kommt an einem Samstagvormittag aus dem Baumarkt zurück. Als er die Küche betritt, wirft seine Frau ihm einen Blick zu, der ausdrückt, daß sie aufgebracht ist. Einige Fragen schießen ihm durch den Kopf. Hat er vergessen, etwas mitzubringen, worum sie ihn bat? Hatte sie für heute etwas anderes vor? Hat er wieder vergessen, seinen Stuhl unter den Tisch zu schieben?

Typisch Mann, wagt er zu fragen: „Was ist los?"

Und ihre Antwort? Ich brauche sie Ihnen nicht zu sagen, oder? Sie wirft ihm einen giftigen Blick zu und sagt: „Nichts".

Was tut er also? Er sagt: „Oh“ und schaut die Post durch.

Jetzt ist sie erst recht aufgebracht. Warum? Er hat gefragt, und sie hat geantwortet. Aber sie hat gelogen. Denn viel ist los, aber sie – oder sollten wir sagen *wir?* – möchte, daß er es irgendwie „einfach weiß“.

Würde ihr (uns!) ein Stein aus der Krone fallen, wenn sie sagen würde: „Ich bin ärgerlich, weil du versprochen hast, die Sachen aus der Reinigung zu holen, da der Baumarkt genau nebenan ist. Und das Kleid, das ich heute nachmittag zur Hochzeit anziehen wollte, ist dabei.“

Dann hätte er die Möglichkeit, sich an die Stirn zu greifen und hinauszustürmen, um das Kleid abzuholen oder, wenn er wirklich sehr schnell denkt, sie zu umarmen, sich für seine Vergeßlichkeit zu entschuldigen und ihr vorzuschlagen, doch das blaue Kleid anzuziehen, das ihre schmale Taille so vorteilhaft betont. Jedenfalls merken Sie, worauf ich hinaus will: Das Problem wird nur gelöst, wenn Sie ihm eröffnen, was er falsch gemacht hat.

Wenn wir unsere Gefühle verschweigen, können wir unserem Mann doch keine Vorwürfe machen, wenn er annimmt, alles sei in Ordnung. Als wir klein waren, hat unsere Mutter vielleicht alle unsere Bedürfnisse geahnt, aber jetzt sind wir erwachsen (sollten es zumindest sein) und müssen unsere Gedanken offen mitteilen.

Natürlich ist es gar nicht so leicht, zu lernen, seine Bedürfnisse so auszudrücken, daß der andere sich nicht angegriffen fühlt, aber geben Sie nicht auf. Lassen Sie mich dieses Kapitel mit einer wunderbaren Zusammenfassung schließen, die Ihnen vielleicht dabei hilft, besser aufeinander einzugehen: Zu Beginn des ersten Kapitels seines Buches *His Needs, Her Needs* („Seine Bedürfnisse, ihre Bedürfnisse“) gibt Willard F. Harley Jr. einen kurzen Überblick über die unterschiedlichen Bedürfnisse der beiden Geschlechter: „Ihre Bedürfnisse sind in der Regel: Zuneigung, Gespräch, Ehrlichkeit und Offenheit, finanzielle Sicherheit und familiäre Bindung. Seine Bedürfnisse sind im allgemeinen sexuelle Befriedigung,

Gefährten für gemeinsame Unternehmungen, attraktive Ehefrau, Geborgenheit zu Hause und Bewunderung."[3]

Freuen Sie sich an den Unterschieden! Das Abenteuer Ihres Gedankenaustauschs ist in vollem Gang.

Merken Sie sich:

1. *Andeutungen, Schmollen und Seufzen führen nicht zu den erwünschten Ergebnissen. Man muß sich schon klar und deutlich ausdrücken.*

2. *Versuchen Sie, Ihr Anliegen einfach in drei Teile zu gliedern. Legen Sie das Problem dar, stellen Sie die Ursache fest und schlagen Sie eine Lösung vor.*

3. *Familien wird viel Kummer erspart, wenn der Mann nicht gezwungen wird, die Gedanken seiner Frau zu lesen.*

4. *Wenn Sie auf die fünf Sprachen der Liebe achten – Worte, Geschenke, Berührung, gute Dienste, Zeit füreinander haben – verstehen Sie Ihren Partner besser.*

5. *Menschen neigen dazu, Liebe in der Weise auszudrücken, wie sie selbst gerne geliebt werden möchten.*

6. *Eine Austauschgruppe ist eigentlich nur ein ausgefallener Name für eine Gruppe von Freunden, die sich treffen und einander fragen, wie es ihnen wirklich geht.*

7. *Viele Männer entdecken, daß sie tatsächlich gerne über anderes als Fußball, Jagd und Arbeit sprechen.*

8. *Frauen brauchen Frauen, mit denen sie sprechen können. (Und sprechen. Und sprechen.)*

9. *Freuen Sie sich an den Unterschieden zwischen Mann und Frau.*

Fragen zur Diskussion

1. *Haben Sie jemals von Ihrem Ehepartner erwartet, daß er Ihre Gedanken liest? Was geschah?*
2. *Wie können Ehepartner einander auf diesem Gebiet helfen?*
3. *Hat Ihnen eine Austauschgruppe schon einmal weitergeholfen? Wenn ja, wie?*
4. *Welchen Rat würden Sie jungen Ehefrauen geben, die von ihrem Mann erwarten, daß er ihre Gedanken liest?*
5. *Welchen Rat würden Sie diesbezüglich jungen Ehemännern geben?*

6.

Erwachsene sind auch nur große Kinder

KAPITEL 9

Als Harry S. Truman sein Abitur abgelegt hatte, freute er sich auf den üblichen Abschiedskuß einer verehrten jungen Lehrerin. Als er an der Reihe war, schickte sie ihn mit den Worten weg: „Du hast keinen Kuß verdient.“ Jahre später, als er bereits Präsident der Vereinigten Staaten war, fragte er einen seiner Mitarbeiter, einen langjährigen Freund und Absolvent derselben Klasse, ob er dächte, die Lehrerin würde ihm jetzt einen Kuß geben.

Als ehemalige Lehrerin bin ich über den Mangel an pädagogischem Feingefühl dieser Frau, über ihre Leichtfertigkeit und völlige Gleichgültigkeit gegenüber der Selbstachtung eines Schülers entsetzt. Aber ich erzähle diese wohlbekannte Geschichte, um zu zeigen, daß uns die Verletzungen aus unserer Jugendzeit sogar als Erwachsene noch schmerzen.

Als ich heiratete, wußte ich nicht, daß Erwachsene auch nur große Kinder sind. Ich dachte, wenn ich einmal volljährig bin, weiß ich automatisch, wie man sich richtig verhält und daß man dann auch immer die richtigen Entscheidungen trifft. Ich erkannte jedoch, daß wir Erwachsene allzuoft in jede neue Beziehung unsere Prägungen aus vergangenen Erlebnissen einbringen.

Ich schaue gerne kirchliche Trauungen an, mit der wunderschönen Braut, dem strahlenden Bräutigam, den verlegenen Blumenmädchen und dem Ringträger. Ganz besonders warte ich immer auf das, was in meinen Augen die Erwartungen des Paares für ihre Ehe versinnbildlicht: das Anzünden der Ehekerze. An einem bestimmten Zeitpunkt während der Feier nehmen die Braut und der Bräutigam jeweils eine Kerze und zünden gemeinsam eine größere Kerze an. Ich halte dann immer den Atem an und frage mich, ob die beiden naiv ihre persönlichen Kerzen ausblasen und denken, sie werden jetzt zu einem einzigen Wesen verschmolzen.

Wenn sie ihre persönliche Flamme nicht ausblasen, denke ich, sind sie realistischer und verstehen, daß sie ihre Vergangenheit in diese verbindliche Gemeinschaft einbringen.

Eine meiner Freundinnen ist mit meiner Meinung über die Ehekerze nicht einverstanden. Sie sagt, das Ausblasen der Kerzen verstehe sie als Symbol dessen, was das Paar sich von Gott erbittet: „Darum wird ein Mann seinen Vater und seine Mutter verlassen und seinem Weibe anhangen, und sie werden sein ein Fleisch" (1. Mose 2,24). Das Auslöschen der einzelnen Kerzen sei kein Symbol für das Auslöschen der Persönlichkeit der Ehepartner, sondern unterstreiche vielmehr, daß sie zwei unterschiedliche Menschen seien. Gerade aus diesem Grund müsse Gott sie eins werden lassen: Anders sei dies unmöglich!

Was an der Hochzeit dieser Freundin geschah, finde ich recht lustig. Jemand hatte vor der Feier in bester Absicht versucht, die Ehekerze schon einmal anzuzünden. Das einzige Ergebnis war jedoch, daß der Docht auf etwa drei Millimeter heruntergebrannt und im Wachs ertrunken war. Die Braut und der Bräutigam versuchten eine Ewigkeit lang (ihnen schien es so, in Wirklichkeit dauerte es wahrscheinlich eineinhalb Minuten lang), die Kerze anzuzünden, bis schließlich der frustrierte Bräutigam sie aus dem Kerzenhalter riß und den Docht herauszog, daß sie die Kerze endlich anzünden konnten. Dann ging sie sofort wieder aus! Welch köstliche Veranschaulichung des Kampfes für Einheit, den jedes Ehepaar ausfechten muß!

Jedenfalls hoffe ich, daß Sie schon zu Beginn Ihrer Ehe erkannten, daß Sie und Ihr Ehepartner am Altar nicht Ihre Persönlichkeit auslöschten.

„Altlasten" aus der Kindheit

Glauben Sie mir, Sie bringen das, was Sie sind, in die Ehe ein. Deshalb können Sie die Dynamik Ihrer Ehe nur dann richtig verstehen, wenn Sie die Lebensgeschichte Ihres Ehepartners verstanden haben. Betrachten wir einige mögliche Problembereiche:

Reparaturen im Haus und am Auto

Spottete sein Vater über seine Versuche, kleine Haushaltsreparaturen vorzunehmen? Dann traut er es sich wahrscheinlich nicht zu, Dinge im Haus zu reparieren. Albert besitzt mehrere akademische Grade und spricht außer Englisch fließend Französisch und Deutsch. Aber zur großen Enttäuschung seiner Frau Rosi weigert er sich, auch nur die einfachsten Haushaltsreparaturen vorzunehmen, und sagt immer: „Das lassen wir besser Fachleute machen."

Zu Beginn ihrer Ehe versuchte Rosi verschiedene Methoden, um sein Interesse zu wecken. Zunächst begann sie mit leisen Andeutungen: „Schatz, der Wasserhahn tropft. Kannst du heute nachmittag nicht am Baumarkt vorbeifahren? Ich möchte gerne, daß das erledigt ist, bevor die Taylors zum Essen kommen." Als Albert das Tröpfeln nicht beachtete, verwandelte sich Rosis Enttäuschung in Nörgeln: „Wann reparierst du endlich diesen Wasserhahn? Schon vor zwei Wochen habe ich es dir gesagt, und das ewige Tröpfeln geht mir auf den Wecker." Von da aus war es nicht mehr weit bis zum Versuch, ihn zu beschämen: „Ich kann nicht glauben, daß du einen Doktortitel hast und fließend einige Fremdsprachen sprichst, daß du dir aber nicht merken kannst, daß der Wasserhahn tropft. Schade, daß es keine Diplome für Vergeßlichkeit gibt; du bekämst so viele, daß wir das ganze Wohnzimmer damit tapezieren könnten! Ich sehe jetzt, wenn in dieser Ehe irgend etwas Praktisches zu tun ist, dann muß ich mich selbst darum kümmern."

An diesem Nachmittag ging Rosi in den Baumarkt, brachte das nötige Material und ein Heimwerkerbuch mit nach Hause und legte alles demonstrativ auf den Küchentisch. Albert nahm keine Notiz davon, und zu guter Letzt las Rosi Schritt für Schritt die Anleitungen, während sie den Wasserhahn unter ständigem Murren austauschte.

Am folgenden Wochenende waren beide bei Alberts Eltern zum Essen eingeladen. Beim Salat entdeckte Rosi, daß die Pfeffermühle klemmte. Sie reichte sie Albert und bat ihn um Hilfe. Sofort warf sein Vater ein: „Gib das Ding lieber mir. Dieser Tolpatsch schafft das nie. Ich habe noch nie jemanden gesehen, der im Haus so ungeschickt ist wie er."

Ohne ein Wort zu sagen, gab Albert die Pfeffermühle seinem Vater, während Rosi auf den ergebenen Gesichtsausdruck ihres Mannes starrte. Plötzlich wurde es ihr heiß bei dem Gedanken an die unschönen Dinge, die sie ihm wegen des Wasserhahns gesagt hatte. Er hatte sich nicht aus Interesselosigkeit um das Problem gedrückt, sondern weil er kein Selbstvertrauen hatte! In diesem Augenblick beschloß sie, ihn mehr zu bestätigen und weniger von ihm zu erwarten. Und sie würde aufhören, von ihm zu verlangen, sich in eine Rolle zu fügen, in der er sich nicht wohl fühlte.

Verantwortung

War er noch zu jung, als er zum Mann des Hauses ernannt wurde? Steigende Scheidungsraten und der frühe Tod der Eltern haben vielen Jugendlichen eine Verantwortung aufgebürdet, für die sie noch nicht bereit waren. Bernd war gerade zwölf, als bei seinem Vater Lungenkrebs im fortgeschrittenen Stadium diagnostiziert wurde; zwei Monate später starb er daran. Am Tag nach der Beerdigung sagte Bernds Mutter zu ihm, daß er jetzt der Mann der Familie sei und viele Pflichten seines Vaters übernehmen müsse, einschließlich Rasenmähen und Instandhaltung des Autos. Bernd nickte ernst, aber innerlich geriet er in Panik. Er wußte, daß sein Vater diese Aufgaben perfekt erledigt hatte; er wußte jedoch nicht, daß sein Vater sich dieses fachmännische Geschick auch erst im Lauf der Jahre erworben hatte. Und da Bernd diese Dinge nicht so gut und nicht so schnell wie sein Vater tun konnte, begann er, sie immer unwilliger zu tun. Immer wieder „vergaß" er, das Gras um die Blumenbeete herum zu schneiden; bald „vergaß" er, das Gras zu mähen. Seine Mutter versuchte es mit Schimpfen, aber wenn sie ihn auf eine schlampige Arbeit aufmerksam machte, versprach er, es noch einmal zu tun, und dann vergaß er es prompt wieder.

Bernd brachte diese passiv-aggressive Verhaltensweise in seine Ehe ein und brachte seine Frau damit so auf, daß ihre Ehe gefährdet war. Schließlich konnten mit Hilfe christlicher Eheberatung einige dieser tiefverwurzelten Verhaltensweisen angegangen werden.

Familiengründung

Wurde von ihr erwartet, daß sie zahlreiche jüngere Geschwister betreut? Dann möchte sie vielleicht jahrelang keine eigene Familie gründen. Sonja war die älteste von sieben Kindern, und seit sie in die zweite Klasse der Oberschule ging, war sie abends für den Haushalt verantwortlich. Wenn sie von der Schule nach Hause kam, beaufsichtigte sie die Hausaufgaben der kleinen Geschwister, kochte das Abendessen, wusch ein oder zwei Maschinen voll Wäsche, organisierte das Aufräumen der Küche, wobei sie auch bestimmen mußte, wer mit Geschirrspülen an der Reihe war, und schließlich überwachte sie noch das Baden der Kleineren. Dann erst konnte sie sich um ihre eigenen Hausaufgaben kümmern.

Oft hätte Sonja nur allzu gerne an außerschulischen Aktivitäten teilgenommen, wie an einem Theaterspiel, aber sie wußte, daß ihre Mutter auf ihre Hilfe mit den kleinen Geschwistern angewiesen war, besonders seit die Drittklässlerin von ihrer Lehrerin zur

„Lernbehinderten“ abgestempelt wurde und deshalb besondere Hilfe bei den Hausaufgaben benötigte.

So ging es auch weiter, nachdem sie die Schule abgeschlossen hatte. Sonja eilte von ihrer Arbeitsstelle nach Hause, um das Abendessen vorzubereiten und Wäsche zu waschen. Als Daniel, ein Kollege, sie ins Kino einlud, sagte sie zu, fügte aber hinzu, daß der Film um 21.30 Uhr besser in ihren Zeitplan passen würde. Als sie von Daniel eine Einladung zum Abendessen annahm, war das der Anlaß zu einem Konflikt mit ihrer Mutter, die immer noch verlangte, daß Sonja als älteste die Verantwortung für die jüngeren Geschwister übernahm.

Kein Wunder, daß Sonja „ja“ sagte, als Daniel ihr einen Heiratsantrag machte, „nur um etwas Ruhe zu bekommen“, gestand sie später. Vor der Heirat sprachen sie nicht darüber, wann sie selbst Kinder haben würden. Als dann Daniel sofort eine Familie gründen wollte, war Sonja entsetzt und weigerte sich, darüber zu sprechen. Erst nach einigen Monaten intensiver Gespräche kam die Wahrheit an den Tag: Sonja hatte den Eindruck, daß sie ihre eigene Jugend verloren hatte und brauchte etwas Zeit für sich selbst. Plötzlich verstand Daniel, was seine Großmutter meinte, als sie sagte: „Kleine Familien erzeugen große Familien, und große Familien erzeugen kleine Familien.“

Geld

Sind die Eltern Ihres Ehepartners jedem Bedürfnis zuvorgekommen und haben dafür gesorgt, daß immer Geld da war? Das war das Problem, mit dem sich Willi und Penny auseinandersetzen mußten.

Im Zweiten Weltkrieg machte Willis Großvater mit seiner Fabrik die Familie reich. Als Willi mit dem Studium begann, gab ihm sein Vater ein Scheckbuch und folgende Anweisungen: „Lerne tüchtig, amüsiere dich und rufe an, sobald der Kontostand unter hundert Dollar sinkt.“ Natürlich kaufte Willi alles, was er wollte, und mußte nie einen Kauf zurückstellen oder sich zwischen zwei Dingen entscheiden. Er brachte diese Haltung auch in seine Ehe ein, obwohl seine Eltern nicht länger für seine Ausgaben aufkamen. Sein Gehalt als einfacher Angestellter im Familienunternehmen, wo er das Geschäft „von der Pike auf lernen" sollte, wie sein Großvater betonte, reichte nicht für die Befriedigung aller Wünsche. Penny und Willi führten über dem offenen Scheckbuch manch langes Gespräch am Küchentisch. Rechenschaft über seine Ausgaben abzulegen empfand Willi als eine Art Fremdbestimmung, die ihm unangenehm war. Wegen seiner Vergangenheit dauerte es eine Weile, bis Willi mit Geld verantwortungsbewußt umgehen konnte.

Penny hatte eine ganz andere Vergangenheit. Während Geld für Willi Macht und Freiheit bedeutete, stellte es für sie Sicherheit dar. Ihren Namen bekam sie, weil sie in einer Zeit geboren wurde, in der, wie ihr Vater sagte, sie „keinen Pfennig" hatten. Sie erinnerte sich daran, wie ihre Mutter einen Topf voll Bohnen, die mit Schinkenknochen etwas Geschmack bekamen, streckte, damit sie drei Tage reichten, und wie ihr Vater zur Arbeit in die Fabrik einen Beutel mitnahm, für den Fall, daß er weggeworfene Aluminiumdosen fand, die er dann für ein paar Pfennige dem Altwarenhändlier verkaufen konnte.

Früh lernte Penny nähen, und konnte sich deshalb nicht nur eine hübschere Garderobe leisten, sondern beim Studium auch etwas Geld hinzuverdienen. Und als sie im Studentenheim wohnte, entdeckte sie schnell ein paar wohlhabende Kommilitoninnen, die bereit waren, für die unverzügliche Ausbesserung ihres Lieblingskleides gutes Geld zu zahlen. Nach Abschluß des Studiums war Penny heilfroh, nicht nur, weil sie ihre Prüfung bestanden hatte, sondern auch, weil sie bei ihrer Hochzeit schuldenfrei war. Sie hatte nie damit gerechnet, daß Willis verschwenderische Gewohnheiten ihre Versuche, das Geld so einzuteilen, daß sie in zwei Jahren in der Lage sind, ihr eigenes Haus zu kaufen, vereiteln könnte. Bis sie sich darüber verständigten, was jedem von ihnen Geld bedeutete, mußten sie viele hitzige Diskussionen führen.

Mißbrauch während der Kindheit

Wurde einer von Ihnen als Kind sexuell mißbraucht? Dieses Gebiet ist so umfangreich, daß ich die Bedeutung fachmännischer christlicher Beratung betonen muß. Wenn die Verarbeitung auch schwer ist, sind Leo und Della glücklich, daß sie es taten, besonders seit sie sehen, wieviel sich dadurch in ihrer Beziehung änderte. Außer Dellas Desinteresse für Sex schien sie die ganze Zeit ärgerlich zu sein. Und natürlich ergoß sich dieser Ärger auf Leo, und zwar in Gestalt übertriebener Kritik. Leo sagte, daß er sie nie zufriedenstellen konnte, egal, was er tat.

Im allgemeinen war seine Reaktion, daß er ihre Ablehnung und ihren Ärger auf sich bezog oder daß er ihr vorwarf, ihr lange zurückliegendes Trauma nicht überwinden zu können. Aber schließlich verstand Leo, daß das Desinteresse seiner Frau an einer sexuellen Beziehung weder seine noch ihre Schuld war. Dank einer Beratung konnten sie die Situation, die sie so lange gefangenhielt, überprüfen und allmählich ändern.

Unsicherheit

Wenn ein Mensch, dessen Meinung viel galt, zu einem von Ihnen sagte: „Aus dir wird einmal nichts", häufen Sie vielleicht unbewußt materielle Güter an und fahren immer das neueste Auto, um diesem Menschen zu beweisen, daß er unrecht hatte. Als Marks Freundin mit ihm Schluß machte und eine Beziehung mit dem Sohn des Bankdirektors begann, sagte sie ihm, daß sie für Vornehmeres sei und daß sie glaube, Mark würde immer der Typ im Flanellhemd bleiben.

Ein Jahr später heiratete Mark Helga, die seinen Humor und seinen Fleiß schätzte. Er konnte über das Mädchen, das ihn im Stich gelassen hatte, hinwegkommen, aber ihre Bemerkung konnte er nie vergessen. Kurz nach der Hochzeit mit Helga bestand Mark darauf, ein Haus in der elegantesten Wohngegend zu bauen und es vom teuersten Innenarchitekten ausstatten zu lassen. Und er vergewisserte sich immer, daß die Kusine seiner ehemaligen Freundin, eine frühere Arbeitskollegin, jedes Jahr sein neues Auto sah.

Die eindrucksvolle Anhäufung materieller Güter wäre zweifellos weitergegangen, wenn Helga nicht plötzlich gestutzt hätte, als Mark darauf bestand, ein Abonnement für die Oper zu kaufen. Beiden gefiel mehr Musik im Stil von Broadway-Musicals, deshalb war sie ganz verblüfft. „Mark, wen versuchst du die ganze Zeit zu beeindrucken?“ platzte es eines Nachmittags aus ihr heraus. „Ich kann es nicht sein, denn ich liebe dich – und nicht all diese Dinge.“

Erst dann gestand Mark ihr – und sich selbst – daß die Flanellhemd-Bemerkung eine tiefe innere Unsicherheit in ihm ausgelöst hatte. Als er erkannte, daß er jemandem, der nicht mehr zu seinem Leben gehörte, zurief: „Schau, wie unrecht du hattest!“, konnte er langsamer treten und sich an den Früchten seiner harten Arbeit – und an seiner liebenden Frau – freuen.

Vertrauen

Wurde einer von Ihnen als Kind im Stich gelassen? Dann haben Sie vielleicht Schwierigkeiten mit dem Vertrauen. Als Sophie Kind war, hatten die Eltern nie Zeit für sie. Ihr Vater reiste viel, und die Mutter ging lieber tanzen, als ihrer kleinen Tochter Geschichten vorzulesen. Obwohl Sophie nicht am Straßenrand abgesetzt worden war, war sie doch innerlich verlassen. Als sie größer wurde, beschloß sie, daß sie niemandem außer sich selbst trauen kann, und sie begann, ihre Gefühle hinter einer dicken Mauer zu verbergen.

Dieser Mangel an Vertrauen tritt auch häufig in Familien auf, die auf Grund verschiedener Störungen, einschließlich Alkoholismus, zerrüttet sind. Eine Frau sprach über die emotionale Mauer, die sie und ihre Geschwister aufgebaut hatten: „Für Außenstehende sind wir alle Erfolgsmenschen. Aber Gott brauchte 37 Jahre, bevor er mich so weit brachte, daß ich sagen konnte: 'Ich bin ein wertvoller Mensch'. Hätte ich mein Minderwertigkeitsgefühl ausgedrückt, wären meine Freunde sehr erstaunt gewesen. Sie beneideten mich. Mich! Sie ahnten ja nichts von meinen schweren inneren Verletzungen."

Berater sagen oft, daß Kinder von Alkoholikern im allgemeinen drei Merkmale aufweisen: Sie reden nicht; sie vertrauen nicht, sie fühlen nicht. Jim Broome, Mitbegründer der *Alkoholiker für Christus* in Detroit, sagte: „In ihrem eigenen Interesse mußten sie ihre wahren Gefühle verdecken. Und das schaffen sie so gut, daß sie wirklich selbst nicht merken, daß sie all diese Verletzungen vergraben haben. Sie spielen den starken Mann. Aber in ihrem Herzen stirbt tagtäglich etwas in ihnen ab, sie brauchen dringend Hilfe, können aber niemandem vertrauen."

Kampf gegen einen unsichtbaren Goliath.

Mangelndes Selbstwertgefühl eines Kindes hat Auswirkungen auf seine spätere Ehe.

Jemand, der weiß, wie schwer „Altlasten" aus der Kindheit eine Ehe belasten können, ist der christliche Liedermacher und Sänger David Meece. Beim Mittagessen in einem Restaurant in Manhattan erzählte er mir von den Altlasten, die er in seine Ehe eingebracht hatte.[1]

„Das Trinken meines Vaters war ein großes Geheimnis, das die ganze Familie trug, aber niemand sprach darüber, nicht einmal wir untereinander", sagte er. Ich war der ‚Familienloyalität' so sehr verpflichtet und meinen eigenen Gefühlen derart entfremdet, daß ich erst seit wenigen Jahren über meinen Vater sprechen kann. Wenn ich zuvor überhaupt an meine Kindheit dachte, dann nur, um mir zu sagen: ‚Nun, das ist vorbei, das ist Vergangenheit'. Erst nach langer Zeit konnte ich sogar mir selbst eingestehen, daß ungelöste Konflikte immer noch an mir nagten."

Und diese ungelösten Konflikte wirkten sich natürlich auch auf die Beziehung zu seiner Frau Debbie aus.

David betonte, daß sein Vater kein menschliches Wrack war; er war Apotheker. Er war der klassische Dr. Jekyll und Mr. Hyde – freundlich, wenn er nicht trank oder Drogen nahm, böse, wenn er es tat. In der Apotheke hatte er natürlich Zugang zu allem, was er wollte, so kam er oft zusammenhanglos sprechend von der Arbeit nach Hause.

Davids Vater und Mutter stritten viel, und gewöhnlich endete der Streit damit, daß der Vater die Mutter aus guten Gründen, wie er meinte, schlug. Sogar in diesem schicken New Yorker Restaurant blickte David oft geistesabwesend vor sich hin, als ob er sich an Szenen aus seiner Kindheit erinnerte. An einem Nachmittag im Winter waren seine Eltern auf der glatten Hofeinfahrt, als sein Vater die Mutter zu Boden warf und versuchte, sie mit dem Auto zu überfahren. David wollte ihr helfen, aber was kann man schon tun, wenn man erst elf Jahre alt ist?

„Ich lebte mit dem Gedanken, daß es irgendwie meine Schuld ist, daß Papa trank. Einmal, als ich etwa zehn Jahre alt war, nahm er uns zu einem Fußballspiel mit, das ich unbedingt sehen wollte. Er war sehr nett, als ich ihn bat, aber nach der Halbzeit begann er zu trinken, und seine Persönlichkeit änderte sich innerhalb weniger Minuten. Er stritt mit meiner Mutter und versuchte sogar, sie auf dem Weg zum Auto zurück, zu würgen. Auf dem ganzen Heimweg fuhr er Zickzacklinien. Ich dachte, wir würden es nicht überleben.

Ich saß auf dem Rücksitz und dachte: *Es ist alles meine Schuld. Wenn ich nicht zu dem Spiel hätte gehen wollen, hätte er das nicht getan.*“

Erstaunlicherweise sorgte Davids Mutter dafür, daß er und seine Geschwister zur Kirche – und zum Chor gingen. Damals sah er nicht den Kontrast zwischen der Frau, die sein Interesse an Musik förderte und der Frau, die versuchte, sich vor den Faustschlägen ihres Mannes zu schützen. „So war es eben“, sagte er.

Nach einem besonders gewalttätigen Zwischenfall, als der Vater auch die Kinder bedrohte, jagte sie ihn aus dem Haus. Bald darauf wurden sie geschieden. „Ich sah meinen Vater nicht mehr, bis ich sechs Jahre später mein Abitur machte", meint David. „Er tauchte kurz auf, sagte 'Herzlichen Glückwunsch'. Ich antwortete 'Danke', und das war alles."

Da David immer regelmäßig zur Kirche gegangen war, hielt er sich selbstverständlich für einen Christen. Aber in seinem zweiten Studienjahr in Peabody, als er sich fragte, ob er sich wirklich für den Rest seines Lebens der Musik widmen wollte, begann er, philosophische Bücher zu lesen. „Je mehr ich las, um so mehr erkannte ich, daß ich nicht viel über den Glauben, den ich für mich beanspruchte, wußte. Bald las ich jedes christliche Buch, das ich finden konnte", sagte er.

„Eines Nachmittags, als ich alleine auf meiner Studentenbude war, stieß ich auf den Ausdruck 'persönliche Beziehung zu Jesus'. Ich wußte nicht, was das bedeutete, aber ich wollte es", sagte er. „Ich saß an meinem Schreibtisch, senkte meinen Kopf und sagte: 'Herr, ich will wirklich, daß du in mein Leben kommst'. In diesen Augenblicken gab ich nicht nur mich selbst, sonder auch meine Musik Jesus hin."

Kurz darauf wurde er Christ und lernte Debbie, eine Viola-Studentin, kennen. Sie heirateten ein Jahr nach Davids Examen.

„Aber ich sprach nie über meinen Vater", sagte David, „deshalb bin ich sicher, daß sie nicht wußte, worauf sie sich einließ."

Es dauerte nicht lange, bis Davids frühe Erlebnisse sich auf seine Ehe auswirkten. Er wurde nie gewalttätig, aber niemand, nicht einmal Debbie, konnte ihm nahekommen.

„Jeder hielt mich für einen netten Kerl und einen erstaunlich fleißigen Arbeiter, der ein bißchen geheimnisvoll war", sagte er. „Es war nicht, daß ich versucht hätte, kühl und abweisend zu sein, aber ich wußte einfach nicht, wie man über wichtige Dinge spricht. Ich war der König der emotionalen Mauer."

„Die arme Debbie erlebte mit, wie mein Streß sich zu Nervosität, dann zu Angstzuständen und sogar Bewußtseinsstörungen steigerte", sagte David. „Öfter fand sie mich in der fötalen Position oder wie ich unaufhörlich weinte. Wir hatten inzwischen zwei wunderbare Kinder, und zeitweilig mußte sie den Eindruck haben, daß sie drei Kinder zu versorgen hatte."

Schließlich, nachdem die inneren und äußeren Belastungen so stark wurden, daß David, anscheinend wegen eines Herzanfalls, ins Krankenhaus mußte, drängte ihn ein scharfsichtiger Arzt, sich an einen Berater zu wenden. Zunächst weigerte sich David, aber Debbie ging hin, entschlossen einige Antworten zu finden. Sie war so erstaunt über das, was sie über die Dynamik der Kindheit lernte, daß sie darauf bestand, daß auch er hinging.

Es dauerte noch eine Weile, bis David dazu bereit war, aber schließlich raffte er sich auf, und innerhalb weniger Minuten brachte ihn die Beraterin, die die richtigen Fragen stellen konnte, zum Sprechen. „Sie sagte: ‚Sie sind hart gegen sich selbst, nicht wahr?' oder: ‚Sie brauchen die Anerkennung anderer, nicht wahr?', und ich saß da und dachte: *Ja! Woher weiß sie das alles?*" erinnerte sich David.

Allmählich sah er alles, was in seinem Leben geschah, unter einem neuen Blickwinkel. Wenn er vor einem Problem stand, etwa mit einem Veranstalter, fragte er sich: „Was ist Gottes Wille in dieser Sache?"

Die Grundsätze, die er in der Beratung lernte, öffneten ihm bald neue emotionale Türen.

„Ich erkannte, daß ich nur dann innerlich frei sein würde, wenn ich meinem Vater vergeben konnte. Eines Nachts schritt ich in meinem Hotelzimmer auf und ab. Schließlich fiel ich auf die Knie und sagte: ‚Herr, ich möchte wirklich Vergebung *fühlen*'. In diesen Augenblicken schwanden meine Verletzungen dahin.

Plötzlich konnte ich meinen Vater so lieben, wie er war. Ich konnte hinter seine Taten schauen und sah einen unglücklichen Mann, der gegen seine eigenen Unzulänglichkeiten ankämpfte und das falsche Mittel, den Alkohol, wählte, um sein Leid zu lindern. Zum ersten Mal sah ich sein Leid und nicht meines."

Je mehr seine innere Heilung fortschritt, um so offener und mitfühlender konnte David anderen gegenüber werden. „Wenn wir unser Bedürfnis nach Macht oder Anerkennung verstehen, können wir Änderungen in die Wege leiten, die uns helfen, unsere Freunde und unsere Selbstachtung zu erhalten", sagte David.

„Am Anfang des Kampfes gegen das, was wir sind, brauchen viele einen anderen Menschen, zu dem sie sagen können: 'Mein Vater war Alkoholiker'. Aber manche kommen nie über diese Stufe hinaus und wollen immerzu bemitleidet werden. Aber wirkliches Wachstum geschieht nur, wenn wir vorwärtsgehen."

Da haben Sie es, direkt von einem Menschen, der weiß, daß emotionale „Altlasten" aus der Kindheit, die Sie noch mit sich herumschleppen, Ihre Ehe belasten. Aber die gute Nachricht lautet, daß man das Trauma untersuchen, aufarbeiten und loslassen *kann*. Sicherlich wirken sich Kindheitserlebnisse auf die Ehe aus, aber niemand muß von ihnen beherrscht werden.

Wo können Sie also Hilfe finden? Stellen Sie diese Frage zuerst dem Herrn. Wenn Sie um seine Führung beten, beginnt er, Türen der Heilung für Sie zu öffnen, sei es durch sein Wort, einen Berater, einen Bekannten Ihres Vertrauens, eine Unterstützungsgruppe oder eine besondere Erkenntnis. Das Trauma von gestern muß Sie – und Ihre Ehe – nicht beherrschen.

Merken Sie sich:

1. *In jede neue Beziehung bringen wir unsere Prägungen aus vergangenen Erlebnissen ein.*
2. *Das Ausblasen der persönlichen Hochzeitskerzen löscht das, was wir sind, nicht aus.*
3. *Wenn Sie die Lebensgeschichte Ihres Ehepartners kennen, verstehen Sie seine Verhaltensweisen besser.*
4. *Kinder von Alkoholikern weisen im allgemeinen drei Merkmale auf: Sie reden nicht; sie vertrauen nicht, sie fühlen nicht.*

5. *Sie können nur dann innerlich frei werden, wenn Sie den Menschen, die Sie verletzt haben, vergeben.*
6. *Wenn wir unser Bedürfnis nach Macht oder Anerkennung verstehen, können wir Änderungen in die Wege leiten, die uns helfen, unsere Ehe zu stärken.*
7. *Sicherlich wirken sich Kindheitserlebnisse auf die Ehe aus, aber niemand muß von ihnen beherrscht werden.*

Fragen zur Diskussion

1. *Welche „Altlasten" aus der Kindheit brachten Sie in Ihre Ehe ein?*
2. *Wie wirkte sich dies auf die Beziehung zu Ihrem Ehepartner aus?*
3. *Wie verarbeiten Sie diese Lasten, damit Sie innerlich frei werden?*
4. *Mußten Sie einem Menschen etwas aus Ihrer Vergangenheit vergeben?*
5. *Wie wirkte sich dieser Prozeß auf Ihre Ehe aus?*

7.

Kämpft gegen den Streit, nicht gegeneinander

KAPITEL 7

Vor kurzem schaute ich im Büro einer Freundin vorbei und bemerkte ein Dutzend rote Rosen mit einer Karte, auf der stand: „Meiner geliebten Frau alles Gute zum Geburtstag“. Ich gratulierte und fragte sie, wie lange sie schon verheiratet sei.

Kathrin strahlte. „28 Jahre“, sagte sie. Dann fügte sie hinzu: „Fünfzehn der schönsten Jahre meines Lebens!“

Anscheinend bestanden ihre ersten dreizehn Ehejahre aus Kampf gegen unerfüllte Erwartungen, aus Mißverständnissen, unnachgiebigen Streitereien über belanglose Fragen, Problemen mit den angeheirateten Verwandten und so weiter. Erst als sie bewußt den Entschluß faßte, ernsthaft an der Verbesserung ihrer Beziehung zu arbeiten, wurde es in ihrer Ehe anders. Dann wurde das Schlachtfeld zu einem Hafen innerer Geborgenheit.

Auch Don und ich hatten dumme Streitereien in unserer Ehe. Aber in all dieser Zeit stampfte ich nur ein einziges Mal mit dem Fuß auf, um meinem Standpunkt Nachdruck zu verleihen - und trat mitten in die Hundeschüssel! Das zerstörte nicht nur die Stimmung dieses Augenblicks (es ist schwierig, selbstgerechte Beweisführungen mit „Schappi“ auf den Zehen durchzuhalten), sondern wir lernten daraus auch, wie sehr eine spannungsgeladene Situation durch Lachen entschärft werden kann.

Dieser Humor war manchmal recht nützlich. In einer Anwandlung ethnischen Stolzes beschloß ich einmal, daß Dienstag „deutscher Abend“ (meine Vorfahren) und Donnerstag „schottischer

Abend" (Dons Vorfahren) sein sollte. Ich hatte mir einige Rezepte von Dons Großmutter besorgt und kochte „Fleischpastete" und „Hammelragout" nach ihren Angaben.

Meine deutschen Mahlzeiten bestanden im allgemeinen aus Wurst, Kohl und stark gewürztem Braten, alles Erinnerungen aus meiner eigenen Kindheit. Aber Don bestand darauf, daß ich nie mein Lieblingsgericht auftischte: Leber mit Zwiebeln. Mit dieser Anweisung hatte ich kein Problem, bis ich ein Rezept für Leberklöße fand. Ich war davon überzeugt, daß Don entdecken würde, daß auch er gerne Leber ißt, wenn er nur zunächst nicht merkt, daß es sich um Leber handelt.

Nachdem ich den widerwilligen Metzger dazu überredet hatte, ein Stück Leber durch den Fleischwolf zu drehen, mischte ich das ekelhaft aussehende Ergebnis mit Gewürzen und Mehl und formte Klöße, die leicht grau aussahen, als sie in der Brühe kochten.

Nachdem ich eine große Schüssel Salat serviert hatte, stellte ich die Schüssel mit den heißen Klößen auf den Tisch. MacDuff, unser Scotchterrier, sah den heißen Dampf aufsteigen und setzte sich sofort neben den Tisch und bettelte. (Don warf ihm gelegentlich einen Bissen zu, den MacDuff in der Luft aufschnappte. Der Hund aß alles, was ihm auf diese Weise zugeworfen wurde, sogar Brot und gekochte Möhren.) Don betrachtete die Klöße einen Augenblick lang prüfend, dann fragte er: „Was ist das?"

„Klöße", flötete ich und hoffte, er würde nicht nach mehr Einzelheiten fragen. „Probiere sie mit Brühe. Sie schmecken ausgezeichnet.

MacDuff jaulte kurz auf, um uns daran zu erinnern, daß er immer noch dasaß, und trotz meines Einspruchs warf Don ihm einen Kloß zu. MacDuff fing ihn wie immer auf, aber dieses Mal hielt der Hund, der alles fraß, das Muster meiner Kochkunst einen Augenblick lang im Maul und prüfte es. Schließlich spuckte er es auf den Küchenboden, trottete davon und legte sich in die Ecke.

Don schaute mich an. „Hör mal, Sandra, wenn der Hund das nicht einmal will, dann esse ich es ganz bestimmt nicht! Was immer es auch ist, koche es nie wieder." Dann stand er auf und machte sich Brote.

Und ich? Ich hätte weinen können, ich hätte etwas von Geldverschwendung brummen können, ich hätte versuchen können, ihm ein schlechtes Gewissen einzureden. Aber ich lachte! Und beschloß, nie wieder Leberklöße zu kochen.

Streiten Sie über das Thema, nicht über die Person

Wenn ich an dieses dumme Abendessen zurückdenke, erkenne ich, daß wir mit der Situation richtig umgegangen sind: Dons Reaktion richtete sich gegen dieses Gericht und nicht gegen meine Fähigkeit, überhaupt etwas zu kochen. Ich wiederum fühlte mich nicht herabgesetzt und wußte, daß meine Kochkünste nicht versagt hatten. Der Mann mochte ganz einfach keine Leber - egal, wie sie zubereitet ist.

Bei jeder Meinungsverschiedenheit ist es wichtig, so ruhig wie möglich Tatsachen über seine eigenen Gefühle oder Empfindungen darzulegen, etwa: „Ich fühle mich gering geachtet, wenn du deine Socken herumliegen läßt und ich sie aufheben muß." Das klingt vielleicht etwas pathetisch, verletzt aber den anderen viel weniger als ein scharfes: „Immer muß ich deine Socken aufheben. Ich bin nicht deine Magd!"

Wenn Sie die letztere Bemerkung machen, beginnen Sie ein Streitgespräch, das zu folgendem führt: „Du mußt immer alles dramatisieren". oder „Ja? Wenn du vielleicht einmal nicht mehr vergißt, die Zahnpastatube zu verschließen, werde ich mich um meine Socken kümmern."

Ein solcher Austausch führt zu nichts außer scharfen Worten und verletzenden Hieben. Wohl kaum die geeignete Methode, um ein Problem aus der Welt zu schaffen! Der Groll wird dadurch wahrscheinlich noch vertieft.

Sollen wir also *Kompromisse* schließen? Hmmm. Dieses Wort mochte ich nie so recht, denn es deutet an, daß beide Seiten dabei etwas verlieren - und Verlieren schafft Groll. Wenn Groll sich einnistet, kommt es früher oder später in jeder Beziehung zu einem unangebrachten Gefühlsausbruch. Deshalb gefällt mir das Wort *verhandeln* besser, weil es die Vorstellung einer gegenseitigen Vereinbarung zur Lösung des Problems weckt und bedeutet, daß über beide Seiten des Problems gesprochen wird.Ich denke an Bill, einen jungen Vater von zwei Kindern, der am Dienstag- und Donnerstagabend gerne Basketball spielen wollte.

Seine Frau Pia wäre dann ohne Hilfe alleine mit zwei Kleinkindern. Wenn sie den ganzen Tag mit den Kindern verbracht hatte, war sie auch müde und freute sich auf den Abend mit ihm,wenn die Kleinen schliefen. An Bills Basketballspielen schloß sich jedoch meistens ein Pizzaessen mit den Freunden an. Seine Erklärung war einfach: Er brauchte diese Entspannung, da seine Arbeit so anstrengend war.

O, Bill, das war das falsche Argument. Pia erwiderte, daß ihre Arbeit auch anstrengend sei. Und daß er es nur einmal versuchen solle, zwei kleine Kinder den ganzen Tag lang, sieben Tage in der Woche, ohne Pause zu betreuen. Ja, er wollte nicht einmal auf beide aufpassen, wenn sie abends noch einkaufen ging: Er bat sie immer, eines mitzunehmen.

Anstatt sachlich nach einer Lösung zu suchen, wurde ihre Auseinandersetzung bald von einer feindlichen Stimmung beherrscht, in der beide sagten: „Meine Bedürnisse sind dir egal."Erst nachdem sie sich mehrere Wochen lang gegenseitig innerlich verletzt hatten, sagten sie schließlich: „Gut, sprechen wir darüber."

Bill war nicht bereit, sein Basketballspiel aufzugeben, also war hier keine Änderung möglich. Und da sich die jungen Männer nur zum Training trafen, konnte Pia ihn auch nicht in die Turnhalle begleiten, auf der Tribüne sitzen und ihm beim Spielen zuschauen. Als sie hin- und her überlegten, wie sie dieses Problem lösen könnten, und einer von ihnen einen Babysitter erwähnte, hatte der andere einen Geistesblitz. Wie wäre es, an jenen Abenden einen Babysitter anzuheuern, damit Pia etwas tun konnte, das ihr Spaß machte? Sie könnte an der Aerobic-Gruppe des CVJM teilnehmen oder einen Kurs in der Volkshochschule belegen oder einfach nur in die Bibliothek gehen und die Ruhe genießen. Als sie auf diese Weise ihre Streitfrage lösten, waren beide Gewinner, beide waren glücklich, und keiner hatte den Eindruck, zum Märtyrer gemacht zu werden.

Ihre Lösung funktionierte. Pia entdeckte, daß sie sich zweimal in der Woche auf etwas Besonderes freuen konnte, und an den Tagen, an denen sie wußte, daß Bill erst spät nach Hause kommen würde, war sie nicht mehr so reizbar. Und außerdem genossen sie auch die gemeinsame Zeit viel mehr.

Aber wenn sie sich nicht zweimal in der Woche einen Babysitter leisten können? Pia hätte sich mit einer anderen Frau, deren Mann an denselben Abenden spielte, mit Babysitten abwechseln können.

Oder mehrere Frauen hätten sich zusammenschließen können, um miteinander auszugehen und Geld für einen Babysitter zusammenzulegen. Das Wichtigste ist, daß nicht ein Ehepartner das Gefühl bekommt, daß er immer Opfer bringen muß.

Natürlich hätte ich mir gewünscht, daß Bill sich für die Rolle als Diener und Führer entscheidet und vorschlägt, in den ersten Jahren auf sein Basketballspiel zu verzichten und seiner Frau bei der Betreuung der Kinder zu helfen. Und wenn ihm wirklich sehr an sportlicher Betätigung gelegen wäre, hätte er vorschlagen können, einen Babysitter an einem Abend in der Woche anzustellen, so daß sie sich zusammen in der Turnhalle austoben oder einen langen, mit Gebeten gefüllten Spaziergang machen, bei dem sie über ihre Woche und die Träume für ihre Kinder sprechen können. Aber Bill wollte von seinen Wünschen nichts zurückstecken.

Manchmal treffe ich auch auf fürsorgliche Ehemänner, die ihre Rolle als Diener und Führer sehr ernst nehmen. Einer meiner Bekannten, Mike Yorkey, gab einige Jahre lang das Golfspiel auf und verlegte seine Tennis-Matchs auf den frühen Vormittag, damit er Zeit für seine Familie hatte. Aber machen wir uns nichts vor - nicht alle Familien haben solch ein liebevolles Oberhaupt.

Nebenbei möchte ich erwähnen, daß körperliche Bewegung wichtig ist. Wenn Sie bei ihrem anstrengenden Terminkalender nicht ein bißchen Sport treiben, werden Sie für gesundheitliche Probleme und vielleicht sogar für einen Herzanfall anfällig. Ich hörte auf, Tennis zu spielen, als Dons Krebs diagnostiziert wurde. In gewisser Hinsicht versuchte ich, meine Gesundheit wegzugeben, um seine zu erhalten. Finden Sie Möglichkeiten, daß Sie beide etwas Sport treiben können. Es ist wirklich der Mühe wert.

Erwarten Sie von Ihrem Ehepartner nicht, daß er so handelt wie Ihre Eltern

Termine sind nicht der einzige Punkt, über den Ehepaare verschiedener Meinung sind. Kati und Ken stritten sich dauernd darüber, wer den Abfall raustragen soll. Die Kompromißmethode funktionierte nicht, weil jeder dachte, der andere müßte automatisch diese Aufgabe übernehmen. Erst als sie mit einer älteren Nachbarin über dieses Thema bei einer Tasse Kaffee stritten, erkannten sie, was wirklich geschah.

„Moment mal, ihr zwei", sagte die Nachbarin. „Wer hat immer bei euch zu Hause den Abfall rausgetragen?"

Kati antwortete: „Mein Papa", und Ken sagte: „Meine Mama".

Die Nachbarin grinste. „Ihr nehmt also beide an, daß euer Heim nach denselben Gewohnheiten geführt wird? Hört sich an, als ob ihr zwei ein bißchen mehr miteinander reden müßtet. Demnächst erwartet wohl jeder von euch, daß nur seine Familie an

Weihnachten besucht wird und daß alle Traditionen wie in seiner Kindheit eingehalten werden."

Als Kati und Ken sich einen Blick zuwarfen, der bedeutete, daß sie noch viel an sich arbeiten müssen, lächelte die Nachbarin. „Ihr fangt an, die Wirklichkeit des Lebens zu begreifen. Wenn ihr mit jemandem sprechen wollt, bin ich bereit. Mein Mann und ich mußten das auch durchstehen. Alle müssen das, wenn sie versuchen, eine echte Ehe aufzubauen."

Mir gefällt, was die beliebte Rednerin und Autorin Carole Mayhall über die Identifizierung mit dem Elternteil gleichen Geschlechts sagte: „Eines Tages stellte mich Gott wegen meiner ständigen Vergleiche zur Rede. Gott sagte zu meinem Herzen: ‚Carole, du vergleichst Jacks Schwächen mit den Stärken deines Vaters. Wenn du schon unbedingt Vergleiche anstellen mußt, dann vergleiche die ganze Person!'" Carole erzählte, daß sie lange und gründlich darüber nachdachte und zu ihrer Überraschung feststellte, daß Jack viele Gaben hatte, die ihrem Vater fehlten."[1]

Diese zerstörerischen Vergleiche können auch in umgekehrter Richtung wirken. Claire wuchs in einer Familie auf, in der der Vater oft abwesend war, da er sich lieber in der Gesellschaft seiner Kollegen als bei seiner Familie aufhielt. Es gab Wochen,, in denen Claire ihn zwischen Freitagnachmittag nach seiner Arbeit bis spät am Sonntagabend nicht zu Gesicht bekam, da er im Nebenzimmer einer Bar seine Zeit mit endlosen Pokerspielen verbrachte.

Als Claire etwas länger als ein Jahr verheiratet war, erhielt ihr Mann eine Einladung zu einem Bridge-Spiel nach einer Betriebsversammlung. Er rief sie an, um ihr zu sagen, daß er später heimkommen würde. Eine wütende Claire erwartete ihn, als er über die Türschwelle trat. Sie sagte ihm, daß sie solche Betätigungen nicht zulassen werde.

„Ich weiß, wohin das führt", verkündete sie. „Du mußt deinen guten Ruf in der Kirche wahren; du kannst nicht in solche Dinge verwickelt werden."Verständnislos ließ er den Wortschwall über sich ergehen. Wovon sprach sie überhaupt? Er hätte ihr mit gleicher Münze zurückzahlen und ihr mitteilen können, daß er mit seinen Kollegen ausgehen werde, wann immer er Lust dazu habe. Aber er versuchte, zu verstehen, was hinter den Worten stand.

Als ihm endlich die Wahrheit zum Bewußtsein kam, sagte er ruhig: „Da haben doch nur einige Kollegen ein paar Stunden miteinander Bridge gespielt. Wir spielten nicht um Geld, niemand betrank sich, und es gab auch keine Schlägerei. Ich bin nicht dein Vater, Schatz."

Verdutzt schaute sie ihn an und verstand, daß sie eigentlich ihren Vater anschrie, weil er nie da war, und daß sie diesen Ärger auf ihren Mann projizierte.

Bleiben Sie freundlich, auch beim Streit

Als Kind lernte Claire kämpfen, mit Händen und Füßen und mit Worten, so daß sie sich jedem entgegenstellte, der glaubte, sie austricksen zu können. Aber heute versteht sie den tiefen Sinn von Sprüche 18,21: „Tod und Leben stehen in der Zunge Gewalt". Sie versucht deshalb, keine scharfen Worte mehr zu gebrauchen. Wenn sie über sich nachdenkt, gesteht sie, daß sie nicht fair kämpfen kann und bei einem Streit wahrscheinlich eher die Person angreifen wird, anstatt sich sachlich an das Thema zu halten. Wer sie aber besser kennt, weiß, daß das Bild des Rabauken nur eine Fassade ist, die ihr vor langer Zeit in schlimmen Situationen Schutz bot. Ich hoffe, daß diejenigen unter uns, die sich in Claires „Trickse mich nicht aus"-Haltung wiederfinden, auch daran arbeiten, zu lernen, beim Thema zu bleiben. Ich habe einige Bekannte dieser Art, die folgerichtig darlegen können, wo ich im Irrtum bin, ohne meine Logik (oder Unlogik) oder mich selbst als Person anzugreifen.

Manche Ehepaare halten sich, wenn sie streiten, an den Händen. Diese einfache Geste erinnert sie daran, daß sie sich lieben und daß sie den anderen wegen dieser Sache nicht verlassen. Ich bin immer beeindruckt, wenn ein Ehepaar sich zu dieser Geste aufraffen kann. Dies ist gar nicht so leicht, wenn zwei Menschen übereinander verärgert sind. Aber es ist doch so wichtig.

Einmal sprachen meine verwitwete Freundin Peggy und ich darüber, was wir gerne in unserer Ehe anders gemacht hätten. Da sagte sie: „Ich wünschte, ich hätte die Methode mit dem Redelöffel gekannt." Dann erklärte sie, daß es mitten in einem Streit zwischen Mann und Frau hilfreich ist, wenn sie einen Löffel haben, der sie daran erinnert, das Problem zu diskutieren und nicht vom Thema abzukommen. Derjenige, der den Löffel hält, spricht, und der andere darf ihn nicht unterbrechen. Wenn der Redner fertig ist, fragt er den anderen: „Was sagte ich eben?" Und der andere wiederholt dann die wichtigsten Punkte. Der Löffelhalter kann jetzt sagen: „Ja, danke" oder „Nein, so war es nicht. Ich sagte folgendes..." Aber jeder wird angehört. In einem hitzigen Streitgespräch überlegen wir doch gewöhnlich, was wir als nächstes sagen, anstatt dem anderen wirklich zuzuhören.

Peggy sagte, ihr Mann sei redegewandt gewesen und habe schlagfertige Antworten gegeben, die sie oft von der Sache, die sie darlegen wollte, abbrachten. Sie hatte dann oft das Falsche gesagt oder nachgegeben und einer Sache zugestimmt, die ihr nicht behagte. Mit dem Löffel hätte sie sich freier gefühlt, ruhig zu bleiben und sich besser auszudrücken.

Nehmen Sie nie das Wort „Scheidung" in den Mund

Ich sprach das Wort „Scheidung" nur ein einziges Mal aus, und zwar im Spaß, weil Jay und Holly an einem Abend, an dem ich besonders müde war, völlig außer Rand und Band waren. Ich hatte gerade einen weiteren Streit zwischen ihnen geschlichtet und schaute zu Don hinüber. „Wenn wir uns jemals scheiden lassen, dann nimmst du die Kinder", sagte ich.

Ich erwartete eine scherzhafte Erwiderung von ihm, aber er schaute mich sehr ernst an und antwortete: „Wenn du mich je verläßt, kannst du sicher sein, daß ich die Kinder nehme. Ich werde mit aller Kraft um sie kämpfen."

So viel Ernst und einen solchen Ton hatte ich wirklich von einem Spaßvogel nicht erwartet, und so konnte ich nur murmeln: „Nun, ich denke, wir sollten uns nie scheiden lassen." Ich nahm das Wort nie mehr in den Mund.

Machen Sie sich nichts vor

Manche Leser sagen jetzt vielleicht: „Streit ist kein Thema bei uns. Wir haben nie Meinungsverschiedenheiten." Nie? Meinen Sie damit, daß Sie nicht einmal miteinander verhandeln müssen? Hmmm. Das bedeutet, daß einer immer nachgibt. Wenn das so ist, dann wächst in einem der Partner Groll. Und wie bei Dampf, der lange genug aufgestaut ist, wird es früher oder später zu einer Explosion kommen.

Es liegt im Wesen der Ehe, daß Konflikte einfach dazu gehören. Wichtig ist, wie wir mit diesen Konflikten umgehen. Zwei Menschen mit unterschiedlicher Vergangenheit und zweierlei Ansichten und Erwartungen können nicht immer in allen Dingen einer Meinung sein.

Konflikt an sich ist nicht schlecht. Wie wir damit umgehen – oder nicht umgehen – ist der springende Punkt.Ich erinnere mich an einen Bericht von Dr. Robert Sprinkle, einem Pastor aus Chicago in den 80er Jahren, dessen Kommunikations-Workshops eindrücklich zeigten, daß Konfliktvermeidung den Konflikt tatsächlich schlimmer macht. Um dies zu veranschaulichen, bat er zwei Personen, sich mit ausgestreckten Handflächen einander gegenüber hinzustellen, als wollten sie backe, backe Kuchen spielen. Die erste Person mußte dann ihre Frustrationen über einen erfundenen Konflikt aussprechen und bei jeder fingierten Beschwerde leicht auf die Hand der zweiten Person schlagen. Die zweite Person mußte diese Klapse auf die Handflächen hinnehmen und konnte auf die Handflächen der ersten Person schlagen, wenn sie das wollte. Allmählich ließ der erdachte Ärger der ersten Person nach, und beide Teilnehmer warfen dem Spielleiter einen Blick zu, der bedeutete „Und was jetzt?"

In der nächsten Runde mußten die Teilnehmer das gleiche Spiel wiederholen, mit einer wichtigen Änderung. Jedes Mal, wenn die erste Person auf die Handflächen der zweiten Person schlagen wollte, mußte diese die Hände zurückziehen. Es ist kaum zu glauben, was geschah: Die erste Person folgte, entschlossen, auf die Hand des Partners zu schlagen, und wurde sogar wirklich und sichtbar ärgerlich. Oft steigerte sich das Spiel so weit, daß der erste Partner den zweiten, der sich nicht schlagen lassen wollte, durch den ganzen Saal verfolgte. Vergleichen Sie dieses Spiel mit der Ehe: Wieviel besser ist es doch, wenn beide Partner dem Problem ins Auge sehen und versuchen, es zu lösen.

Praktische Tips

Hier folgen ein paar bewährte Grundsätze, die Ihnen helfen, einen Streit durchzustehen:

Wählen Sie den geeigneten Zeitpunkt

Meine Mutter pflegte zu sagen: „Streite nicht mit einem hungrigen Mann." Und sie hat recht. Denken Sie an Esther im Alten Testament. Wenn sie ihrem Mann, dem König, ein Problem unterbreiten wollte, lud sie ihn erst zum Essen ein (Esther 5,4). Jetzt könnte jemand sagen, das sei Manipulation. Ich finde, es war ein geschickter Zug, um sicher zu sein, daß sein Magen gefüllt war, bevor er über Probleme nachdenken mußte.

Folgen Sie Esthers Beispiel: Immer eines nach dem andern. Die „Sieben Minuten-Regel" hat sich bewährt. Geben Sie Ihrem Ehepartner sieben Minuten Zeit, wenn er nach Hause kommt, bevor Sie ihm die neueste Krise unterbreiten. Und wenn Sie ein längeres Gespräch benötigen, fragen Sie: „Ich muß mit dir über etwas sprechen. Wann hättest Du Zeit?"

Natürlich funktioniert das alles nicht, wenn wirklich etwas Akutes vorliegt. Ich denke an einen Ehemann, der nach einem harten Arbeitstag verdrießlich nach Hause kam. Seine Frau hatte jenen sorgenvollen Gesichtsausdruck, der nichts Gutes verheißt, also sagte er: „Heute abend möchte ich keine schlechten Nachrichten erfahren. Ich will nur gute Nachrichten hören."

Sie überlegte einen Augenblick, dann sagte sie: „Nun, die gute Nachricht ist, daß wir drei wunderbare Kinder haben. *Zwei* von ihnen haben sich heute nicht den Arm gebrochen."

Geben Sie einander Freiraum

Wenn Ihr Ehepartner sich zurückzieht, lassen Sie ihn eine Zeitlang in Ruhe. Natürlich kennen wir das Gebot, daß wir die Sonne nicht über unserem Zorn untergehen lassen sollen (Eph 4,26), aber es gibt Zeiten, da der eine oder andere Freiraum braucht, um mit seinen Gefühlen ins reine zu kommen. Vielleicht müssen Sie erst darüber schlafen und dann am nächsten Morgen, wenn Sie frisch sind und einen klaren Kopf haben, darüber sprechen. Hauptsache Sie verständigen sich darauf, später über die Sache zu sprechen und Ihre Meinungsverschiedenheiten zu klären. (Außerdem steht in dem Bibelvers nicht, welche Sonne wir nicht untergehen lassen sollen!)

Pflegen Sie gute Manieren miteinander

Ist Ihnen schon einmal der Gedanke gekommen, daß der Ärger, den Ihr Ehepartner an Ihnen ausläßt, eigentlich ein Kompliment ist? Ihr Ehepartner fühlt sich bei Ihnen sicher. Er kann seinem Ärger Luft machen. Sie werden ihn nicht gleich feuern, nur weil er ungeduldig mit Ihnen war, was aber sehr wohl der Fall sein könnte, wenn er mit seinem Chef kurz angebunden ist. Aber nur, weil wir uns bei jemandem sicher fühlen, haben wir nicht das Recht, taktlos zu werden. Eine Kollegin würden wir ja auch nicht anschnauzen, wenn sie die Heftmaschine fallen läßt und uns erschreckt, aber wenn etwas Ähnliches zu Hause vorkommt, fangen wir schnell zu schreien an. Wäre es nicht angenehmer, auch zu Hause ein bißchen mehr gute Manieren zu pflegen?

Besprechen Sie keine Probleme, wenn Sie beide müde sind

Einer unserer Familienwitze entstand ziemlich zu Beginn unserer Ehe, als Don eine Auseinandersetzung im Keime erstickte, indem er sagte: „Schatz, wir sind beide müde. Und wenn wir beide müde sind, redest du nur dummes Zeug."

Benutzen Sie keine faulen Tricks

Eine meiner Tanten sagte ihren Töchtern: „Versucht nie, euren Mann auszutricksen. Wenn er nicht nachgeben will, weint einfach." Ich bin entsetzt! Ich glaube, Weinen ist die höchste Form der Manipulation und ich weigere mich, auf diese Weise meinen Willen durchzusetzen. Zu meinem Leidwesen weine ich, wenn ich wütend bin. Und ich gestehe, daß ich nicht frei von Manipulationen bin.

Leider bin ich in einer Gemeinschaft aufgewachsen, in der Frauen nicht freimütig sein durften und sich deshalb gezwungen fühlten, auf Manipulation zurückzugreifen. Beispiel: Don und ich waren erst wenige Monate verheiratet, als wir zusammen einkaufen gingen und ich einen Stoß Kochbücher im Sonderangebot entdeckte. Ich wollte eines davon über Plätzchenbacken, wußte aber, daß Don nein sagen würde. So zog ich *acht* Kochbücher aus dem Stapel, wandte mich an meinen jungen Ehemann und sagte: „Schatz, guck mal, die sind alle im Sonderangebot."

Er schaute auf den Stapel in meinem Arm und rief: „Acht! Du brauchst keine acht Kochbücher. *Eines* kannst du nehmen." Ich lächelte. „Gut. Danke, Schatz." Glücklicherweise sind wir beide aus diesen Gewohnheiten herausgewachsen.

Seien Sie schöpferisch

Ein junger Bekannter von mir möchte mit seiner Frau über ihre Ehe sprechen, aber sie weigert sich, über oberflächliche Probleme hinauszugehen. Er hat immer den Eindruck, bei ihr wie auf Eiern zu gehen. Eines Tages schüttete er seine ganze Frustration vor mir aus: „Sie will über nichts sprechen. Sie schweigt einfach. So möchte ich den Rest meines Lebens nicht verbringen, aber mir liegt viel an ihr und an unserer Ehe. Wie kann ich sie nur zum Sprechen bringen?"

Zugegeben, ich war erstaunt, denn normalerweise fragt mich eher die Frau, wie sie ihren Mann dazu bringen kann, sich mitzuteilen. Er hatte schon alle Routine-Methoden versucht, den rechten Zeitpunkt abgewartet, mit den Kindern geholfen usw., aber immer noch kein tieferes Gespräch. Das einzige, das ich ihm raten konnte, war, ein Notizbuch auf den Küchentisch zu legen und zu versuchen, auf diese Weise miteinander ins Gespräch zu kommen. Er konnte seine Sichtweise zu einem bestimmten Problem darlegen und dann etwa hinzufügen: „Mich würde wirklich interessieren, was du dazu meinst." Etwas Ähnliches hatte er noch nicht versucht, also wollte er es probieren, ja sogar noch auf dem Heimweg ein hübsches Notizbuch kaufen.

Als ich ihn das nächste Mal sah, strahlte er und sagte, daß die Methode mit dem Notizbuch funktionierte und daß sie wirklich hin und her schrieben. Zu seinem Erstaunen erkannte er, daß seiner Frau diese Art der Kommunikation lieber war, da sie die Möglichkeit hatte, ihre Antwort zu überdenken, ohne mit seiner Schlagfertigkeit und Redegewandtheit Schritt halten zu müssen. Und beide waren gezwungen, sich an das Thema zu halten, indem sie Fragen stellten und beantworteten, anstatt emotional zu reagieren oder vom Thema abzuweichen, was zu persönlichen Angriffen führen kann.

Denken Sie nach, bevor Sie einen Streit vom Zaun brechen; die wenigsten sind nämlich wirklich von Bedeutung. Ist es wirklich von Bedeutung, wo das Sofa steht? Don und ich hatten im Sommer 1981 einige dumme Auseinandersetzungen. Als an einem Augustvormittag bei ihm ein bösartiger Hirntumor festgestellt wurde, ordneten die Ärzte Untersuchungen an und beratschlagten mit ernsten Blicken über Schaubilder und Computertomographien. Erst nach Stunden waren Don und ich ein paar Minuten alleine. Bis dahin hatten seine Schmerzen so weit nachgelassen, daß er darauf bestand, daß ich nach Hause fahren und mich etwas ausruhen solle, bevor ich Jay und Holly, damals acht und sieben Jahre alt, abends zum Besuch mitbrachte.

Ich stand einen Augenblick etwas unbeholfen an seinem Bett. Schließlich beugte ich mich herunter, vorsichtig, um nicht an die Nadel in seinem Arm zu stoßen, und küßte ihn. „Ich liebe dich, Donnie."Er sah hinter die Worte. „Ich weiß." Dann bemühte er sich, der alte Don, der Spaßvogel, zu sein. „Bist du nicht froh, daß du letztes Jahr deine Stelle als Lehrerin nicht aufgegben hast? Es scheint so, als würdest du diese Arbeitsstelle brauchen."Ich stammelte: „Ich will nicht, daß du dir über mich Sorgen machst." Sein Gesicht verzog sich: „Ich tue es aber".Sofort schlang ich meine

Arme um ihn, vergrub mein Gesicht an seinem Hals, und wir schluchzten zusammen. Schuldgefühle mischten sich mit Angst. Wie albern waren unsere Streitereien diesen Sommer. Und all die selbstsüchtigen Dinge, die wir gesagt hatten. Jetzt konnte ich nur noch stammeln: „Es tut mir leid. Vergib mir.“ Er nickte. „Mir auch, Sandra...“ Als ich aus dem Parkplatz des Krankenhauses herausfuhr, dachte ich über unser gemeinsames Weinen nach. Ganz egal, was noch vor uns lag, wir hatten uns sagen können, was nötig war. Aber ach, die kostbare Zeit, die wir diesen Sommer mit dummen Streitereien verschwendet hatten.

Während ich dies schreibe, liegt der Vater eines jungen Bekannten mit einem Hirntumor im Sterben. Traurig erzählt der Sohn, daß er seine Eltern noch nie so liebevoll miteinander umgehen sah. Wenn seine Mutter ihren Mann im Krankenhaus besucht, lehnt sie sich über das Bett und legt ihren Kopf auf seine Brust. Mit großer Mühe zieht der kranke Mann seinen guten Arm ganz langsam hoch und läßt ihn auf ihren Rücken fallen und streichelt sie eine Zeitlang. Der Sohn freut sich, daß seine Eltern endlich nach all den mit Meckern angefüllten Jahren zärtlich zueinander sind, aber er klagt: „Warum mußte das geschehen, damit es soweit kam?“

Ich möchte mit einem mutmachenden Wort abschließen: Denken Sie daran, Konflikte zeigen, daß Wachstum entstehen will. Also geben Sie einander nicht auf. Es lohnt sich.

Merken Sie sich:

1. Streiten Sie über das Thema, nicht über die Person.

2. Versuchen Sie zu verhandeln, statt Kompromisse zu schließen, weil das die Vorstellung einer gegenseitigen Vereinbarung zur Lösung des Problems weckt.

3. Erwarten Sie von Ihrem Ehepartner nicht, daß er so handelt wie Ihre Eltern.

4. Vergessen Sie auch mitten in einem Streit nicht die Wahrheit von Sprüche 18,21: „Tod und Leben stehen in der Zunge Gewalt."
5. Manche Ehepaare finden es hilfreich, sich bei einem Streit an den Händen zu halten. Diese Geste erinnert sie beide daran, daß sie sich ihrer Ehe verpflichtet fühlen.
6. Versuchen Sie bei einer angespannten Diskussion die Methode mit dem „Redelöffel".
7. Nehmen Sie nie das Wort „Scheidung" in den Mund.
8. Konflikt an sich ist nicht schlecht. Wie wir damit umgehen -- oder nicht umgehen – ist der springende Punkt.
9. Pflegen Sie im Umgang mit Ihrem Ehepartner gute Manieren.
10. Denken Sie nach, bevor Sie einen Streit vom Zaun brechen; die wenigsten sind nämlich wirklich von Bedeutung.
11. Verlieren Sie den Mut nicht. Konflikte zeigen, daß Wachstum entstehen will.

Fragen zur Diskussion

1. Welche Überraschungen auf dem Gebiet der Kommunikation erlebten Sie zu Beginn Ihrer Ehe?
2. Welche Anpassungen mußten Sie vornehmen, weil Ihre Eltern, als Sie klein waren, manche Dinge anders machten?
3. Welches war der „dümmste" Streit, den Sie miteinander führten?
4. Wie könnten Sie schöpferisch mit Konflikten umgehen (oder hätten damit umgehen können)?
5. Was haben sie über Konfliktbewältigung gelernt?

8.

Ich bin pleite – schon wieder

KAPITEL 8

Früher einmal hatte Christas Vater Probleme mit Spielschulden; er hatte auch ein paar ungedeckte Schecks ausgestellt. Nach seiner Besserung weigerte er sich, wieder ein Girokonto zu haben und zahlte alle Ausgaben der Familie per Postanweisung. Als Christa und Wolfgang heirateten, hatte sie nie einen Scheck ausgestellt oder eine Überweisung geschrieben und hatte nicht die leiseste Ahnung, was die Kontoauszüge, die jeden Monat hereinkamen, bedeuteten.

Wolfgang andererseits stammte aus einer Familie, in der galt: „Es ist Aufgabe des Mannes, das Geld zu verdienen, und Aufgabe der Frau, es zu verwalten." Und Wolfgangs Mutter verstand sich ausgezeichnet darauf; sie schrieb alle Überweisungen und Schecks und stellte jeden Monat ihre Abrechnungen auf den Pfennig genau auf. Wolfgang konnte sich nicht daran erinnern, je gesehen zu haben, daß sein Vater eine Überweisung schrieb, also nahm er an, daß dies zu den häuslichen Pflichten einer Frau gehört. Er und Christa waren schockiert, als sie die ersten Rechnungen bezahlen mußten, da jeder annahm, der andere würde diese Aufgabe übernehmen. Wolfgang mußte mehrmals in den Buchladen gehen und das Regal über finanzielle Themen durchsuchen, und Christa rannte manches Mal tränenüberströmt zur Bank, bevor sie mit ihrem Girokonto umgehen konnten.

Über solche Geschichten schütteln wir den Kopf, aber ich traf schon einige junge Ehepaare, die genauso naiv an die Familienfinanzen herangingen. Allzuoft handeln sie so, als trage die *Bank* die Verantwortung für ihr Girokonto. Auch Don und ich mußten auf dem Gebiet der Finanzen erst einige Erfahrungen sammeln; deshalb erkläre ich jetzt, was wir aus bitterer Erfahrung lernen mußten. Wenn Sie wie ich eine Abneigung gegen Haushaltspläne haben, lassen Sie dieses Kapitel aus. Aber vorher sollten Sie doch die fünf Punkte überfliegen, die von einem „alten Hasen" stammen:

Zahlen Sie Gott zuerst

Obwohl der Zehnte mehr auf einem alttestamentlichen als einem neutestamentlichen Gebot beruht, bin ich davon überzeugt, daß die Unterstützung von Gottes Werk zu unseren Vorrechten als Christen zählt. Jahrelang half ich drei Missionarsfamilien zusätzlich zu den Gaben für unsere örtliche Kirchengemeinde. Wenn Sie nicht sicher sind, wieviel und wofür Sie spenden sollen, sprechen Sie mit dem Herrn darüber und fragen ihn, was er von Ihnen möchte. Und wenn Sie davon überzeugt sind, daß Sie jetzt nicht den vollen Zehnten geben können, dann überlegen Sie, wie es wäre, den Zehnten Ihrer Zeit oder Ihrer Talente zur Verfügung zu stellen, indem Sie in der Sonntagsschule eine Gruppe übernehmen oder ein Wandbild für die Kinderkrippe der Kirche malen. Wichtig ist, daß Sie dem Herrn einen Teil dessen, was er Ihnen gegeben hat, zurückgeben.

Aber Vorsicht: Wenn wir beschließen, den Zehnten zu geben, so sollte dies aus Dankbarkeit geschehen und nicht aus der Erwartung, daß Gott uns „zehnfach" oder „hundertfach" zurückzahlt, worauf viele Prediger Gewicht legen. Gott schenkt uns natürlich immer mehr als wir ihm geben können, aber er schuldet uns nichts. Er versprach, für unsere *Bedürfnisse* zu sorgen (Phil 4,19), nicht für unsere *Wünsche.*

Sie brauchen nicht unbedingt ein neues Auto

In dem Augenblick, in dem Sie mit einem funkelnagelneuen Auto aus dem Autohaus fahren, ist es zum Gebrauchtwagen geworden. Warum also nicht gleich mit einem guten Gebrauchtwagen beginnen? Sie bekommen dadurch mehr Extras und sparen eine Menge Geld.

Geben Sie nicht mehr als 30 Prozent Ihres Einkommens für Wohnen aus

In Amerika gibt es den treffenden Ausdruck „hausarm". Man kann ein sagenhaftes Haus besitzen und es sich nicht leisten können, es so auszustatten und zu unterhalten, wie man gerne möchte. Und es macht auch keinen Spaß, wenn man nie zum Essen oder ins Kino gehen kann, weil die monatlichen Raten für den Kredit zu hoch sind.

Geben Sie weniger aus, als Sie verdienen

Das sind harte Worte für die heutige Gesellschaft, weil wunderbare Versuchungen nach unserem Geld geradezu gieren. Die Herausforderung liegt nicht darin, mehr Geld zu bekommen, sondern das Geld, das wir haben, klug zu nutzen. Mir hilft, daß ich mich weigere, Dinge, die ich nicht unbedingt brauche, mit einer Kreditkarte zu bezahlen. Auch ganz kleine Schulden können der Anfang einer verhängnisvollen Schuldenspirale sein, die in einer finanziellen Katastrophe endet. Außerdem führen Schulden dazu, daß man schließlich weniger als nichts besitzt.

Finden Sie heraus, was jedem Partner Geld bedeutet

Was die Menschen vom Geld halten, bestimmt, wie sie es ausgeben wollen. Während Geld für mich Sicherheit bedeutet, bedeutete es für Don Freiheit. Wenn Ehepartner diese Unterschiede verstehen, reagieren Sie wahrscheinlich weniger heftig auf die Art, wie der andere das Geld ausgibt.

Legen Sie Regeln fest und halten Sie sich daran

Wenn Sie immer noch an diesem Kapitel lesen, dann befassen wir uns jetzt ernsthaft mit diesen Geldangelegenheiten. Der christliche Finanzberater Larry Burkett sprach in einer Radiosendung über vier bedeutende Vorsätze, die wir sofort auf unsere Finanzen anwenden können:

- Benutzen Sie keine Kreditkarten
- Verringern Sie bestehende Schulden
- Rechnen Sie jeden Monat Ihr Girokonto auf den Pfennig genau ab
- Beschließen Sie, Herr über Ihr größtes persönliches Finanzproblem zu werden, seien es übermäßige Ausgaben oder Spontankäufe.

An diese Liste möchte ich noch einen Punkt anfügen: Beten Sie über jeder Ausgabe, und lassen Sie den Herrn entweder Ihr Problem lösen oder Ihnen zeigen, wie Sie damit phantasievoll umgehen können. Als Kind hörte ich oft ältere Verwandte sagen: „Wenn du irgend etwas brauchst, dann sag es mir, ich werde dir zeigen, wie man ohne es auskommt!" Diese Einstellung hat gewiß zur Folge, daß das Geld länger reicht, aber es gibt Zeiten, in denen man seine Sorgen vor dem Herrn ausbreiten und darauf warten muß, daß er die Dinge in die Hand nimmt.

Rudi und Wanda beschlossen schon zu Beginn ihrer Ehe, daß sie Weihnachtsgeschenke für ihre große Familie nicht mit der Kreditkarte kaufen, sondern auf Sonderangebote und selbstgemachte Geschenke zurückgreifen würden. In einem Jahr jedoch, als das Geld besonders knapp war, standen sie einen flüchtigen Augenblick lang in der Versuchung, die Kreditkarten zu benutzen, als die Feiertage näher rückten. Aber sie beschlossen, gute Haushalter über das zu sein, was der Herr ihnen gegeben hat, und dachten, daß Gott schon dafür sorgen würde, wenn er wollte, daß sie mehr haben.

Zwei Tage später rief ein Stadtangestellter Wanda an und sagte, daß eine Familie aus der Stadt angerufen habe. Diese hatte beschlossen, daß es ihr Weihnachtsgeschenk sei, einer „jungen, fleißigen Familie mit mehreren Kindern" eine Weihnachtsfreude zu bereiten. Er fügte hinzu: „Sie erfüllen jede dieser Bedingungen. Würden Sie dieser Familie helfen, Weihnachten zu feiern, indem Sie ihre Geschenke annehmen?"

Wanda sagte zu und gab auf Anfrage das Alter und die Konfektionsgröße jedes Familienmitglieds an. Am vereinbarten Tag fuhr sie mit ihrem Kombi zum Rathaus und dankte dabei dem Herrn, daß er für ein Geschenk für jedes Kind gesorgt hat. Aber als sie ankam, war sie von dem Berg verpackter Geschenke und Schachteln voller Essen, die das ganze Büro ausfüllten, überwältigt. Als alles in ihrem Auto verstaut war, fand eine verwirrte und dankbare Wanda gerade noch Platz hinter dem Steuer.

Dieses Erlebnis wurde für die Familie zur Erinnerung daran, daß der Herr für die Seinen sorgt, wenn sie ihn nur sorgen lassen.

Sagen Sie oft nein

Sofort denken wir daran, nein zu sagen, wenn unsere Kinder die neuesten Modellkleider, Markenartikel usw. verlangen. Aber wir müssen auch zu uns selbst nein sagen. Brauchen wir eigentlich wirklich dieses neue Ding, Video oder noch ein Kleidungsstück?

Verkäufer akzeptieren bereitwillig unsere Kreditkarten, weil sie wissen, daß wir mehr ausgeben, wenn wir das Chipkärtchen zücken, als wenn wir bar bezahlen.

Als wir in New York wohnten, war Holly in jenen unsicheren Teenjahren, wo sie die Markenkleidung tragen wollte, die wir uns nicht leisten konnten. So trafen wir eine Abmachung: Ich würde ihr sagen, wieviel wir aus unserem Familienbudget zum Beispiel für eine neue Jacke ausgeben konnten, und sie mußte dann mit dem Geld, das sie sich mit Babysitten verdiente, den Unterschied bezahlen. Erstaunlicherweise, als sie *ihr* schwerverdientes Geld ausgeben mußte, brauchte sie plötzlich nicht mehr so viele Markenartikel! Als wir nach Colorado Springs zogen, war sie nicht nur reifer geworden, sondern übernahm schnell die dortige Gewohnheit, in den gut ausgestatteten Secondhand-Läden einzukaufen.

Suchen Sie Secondhand-Läden oder günstige Kaufhäuser auf

Ich hoffe, da wo Sie wohnen, sind Secondhand-Läden genauso beliebt wie bei uns. Zwar habe ich dort noch keinen Nadelstreifenanzug gefunden, aber die Kleider, die ich für die Gartenarbeit anziehe, kommen alle daher. Mein Lieblings-Flanellhemd kostete 5 Mark und sieht genauso aus, wie eines, das ich in einer Einkaufspassage für 49 Mark sah. Nehmen Sie eine Freundin mit, damit sie sich gegenseitig beraten können. Und haben Sie Spaß dabei.

Eine meiner Freundinnen kauft in Secondhand-Läden ein, weil sie und ihr Mann in einer kirchlichen Gruppe arbeiten. Aber anstatt dafür dankbar zu sein, daß sie wegen ihrer kleinen Größe und ihres kreativen Flairs in Sachen Kleidung unwahrscheinlich gute Geschäfte macht, beantwortet sie Komplimente mürrisch mit der Erklärung, daß sie das Kleid gebraucht kaufte, weil sie und ihr Mann für die Kirche arbeiten und es sich deshalb nicht leisten können, anderswo einzukaufen. Einige ihrer Kleider bewundern wir aufrichtig, aber niemand hat den Mut, ein Wort darüber zu verlieren, weil sie gerade wegen ihrer Kleider so verdrießlich ist.

Wenn Sie für sich selbst dort nichts einkaufen wollen, so sind Secondhand-Läden für die Kleidung von Kindern unerläßlich. Jay und Holly gehörten zu den bestgekleideten Kleinkindern in der Kinderkrippe, obwohl ich auf Flohmärkten und in Secondhand-Läden einkaufte.

Machen Sie eine Liste

Wissen Sie, wofür Sie Ihr Geld ausgeben? Nein? Dann ist es Zeit für eine finanzielle Bestandsaufnahme, ein wohlklingender Name für eine Liste, auf der sie Geld, das jährlich eingeht, und Geld, das Sie ausgeben, eintragen.

Stellen Sie eine Liste auf mit ihren Einnahmequellen und Beträgen, Ersparnissen und Investitionen. Dann schreiben Sie Ihre Schulden auf – einschließlich Kredite für Haus und Auto. Dann ziehen sie eines vom anderen ab; so bekommen Sie Ihr Nettoguthaben.

Wenn Unternehmen das tun, nennen sie es „Bilanz“, was einfach bedeutet, daß Einnahmen und Ausgaben aufgezeichnet werden – und sichergestellt wird, daß sie ausgeglichen sind. Wenn Sie das tun, werden Sie nicht nur erkennen, daß Sie reicher sind, als Sie annehmen, sondern bei ernsthaften finanziellen Problemen auch sogleich feststellen, woher sie kommen.

Wenn Sie schon eine Liste erstellen, helfen Sie Ihrer Familie, indem Sie alle wichtigen Papiere, Adressen und anderes Nützliche aufzeichnen und auch den Ort, an dem Ihre Familie das alles findet. Haben Sie eine private Rentenversicherung? Dann schreiben Sie auch diese Adresse auf. Machen Sie ebenfalls eine Liste mit allen Versicherungspolicen für das Auto, das Haus und die Lebensversicherung. Dann schreiben Sie den Hypothekengläubiger auf und die Hypothekennummer, sowie die Nummern Ihrer Giro- und Sparkonten.

Bilden Sie eine Sicherheitsrücklage

Sie müssen damit beginnen, 10 Prozent einer jeden Gehaltszahlung zu sparen. Ich hörte einmal, daß zwischen den meisten Familien und der Obdachlosigkeit nur zwei Monatsgehälter stehen. Da ich wirklich Angst habe, eine New Yorker Stadtstreicherin zu werden, achte ich sehr sorgfältig auf die Sicherheitsrücklage. Zu viele Menschen befolgten diese Standard-Sparempfehlung nicht, aber es ist nicht zu spät, Sie können jetzt noch anfangen. Es ist wie mit dem alten Sprichwort: „Es gibt zwei gute Zeiten, eine Eiche zu pflanzen: vor zwanzig Jahren oder jetzt." Wenn sie also ihre „Eiche" vor zwanzig Jahren nicht pflanzten, können sie noch heute damit beginnen.

Bringen Sie Ordnung in den „Papierkram"

Um in unseren Papierkram System zu bringen, müssen wir folgendes aufbewahren:

Versicherungspolicen
Lebens-, Kraftfahrzeug-, Kranken- und Hausversicherungen (und alle dazugehörende Korrespondenz). Es ist auch empfehlenswert, alte Kraftfahrzeug- und Hausversicherungspolicen einige Jahre aufzubewahren, für alle Fälle.

Steuern
Quittungen für absetzbare Posten. (Anmerkung: Von wohltätigen Organisationen brauchen sie eine richtige Spendenbescheinigung. Der Überweisungsbeleg alleine genügt nicht.) Zumindest die Steuererklärungen für die letzten drei Jahre und die dazugehören-

den Belege (sechs Jahre wäre besser) und Unterlagen über die nicht absetzbaren Beiträge zu einer privaten Rentenkasse.

Bankkonten

Alle Informationen, die sie bei der Kontoeröffnung erhielten, Kontoauszüge, annullierte Schecks, Sparbücher und Erklärungen zu Depotscheinen müssen in Ihren Unterlagen sein.

Schulden

Unterlagen zu Hypotheken, Bankanleihen, Verträge für Ratenkäufe und Zinsbescheinigungen gehören zu ihren Steuerunterlagen. Bewahren Sie Kreditkartenbelege nur so lange auf, bis die Rechnungen kommen und Sie geprüft haben, daß sie richtig sind.

Investitionen

Bewahren Sie Unterlagen zu Investmentfonds, Rentenkassen und die Informationen, die Sie erhielten, als Sie den Vertrag mit der Rentenkasse abschlossen, Bescheinigungen über Maklergebühren für die monatlichen Geschäfte, Kauf- und Verkaufsbescheinigungen, Bescheinigungen über den Kauf von Schatzanweisungen und Investmentfondsauszüge etc.

Sozialversicherung

Dieses Gebiet habe ich vernachlässigt. Ich muß Bescheinigungen über die laufenden Beiträge anfordern und aufbewahren.

Garantien

Bewahren Sie alle in einem Aktenordner auf und nicht in der Küchenschublade, um sie nicht zu suchen, wenn ein Gerät defekt ist. Ich habe einen Ordner angelegt und miste ihn regelmäßig aus, wenn ein Gerät ersetzt wird. Aber in der Regel versagt ein Apparat natürlich drei Tage nach Ablauf der Garantie. (Glauben Sie, daß die Hersteller einen zeitlich gesteuerten Computer-Chip in jedes Gerät einbauen?)

Machen Sie ein Testament

Sie haben doch ein Testament, nicht wahr?

Viele Menschen in unserem Land haben kein Testament. Einige denken, daß sie noch viel Zeit haben, andere bilden sich ein, daß sie ewig leben werden, und wieder andere fürchten, daß sie ein Unheil heraufbeschwören, wenn sie sich intensiv damit beschäftigen.

Ich sage es Ihnen äußerst ungern: Sterben werden wir alle eines Tages. Wir sollten deshalb alles Notwendige veranlassen, um für unsere Familie zu sorgen (1. Tim 5,8).

Don und ich hatten immer ein handgeschriebenes Testament und unterzeichneten es sogar in der Gegenwart von Freunden, um Zeugen zu haben. Aber da Don Betriebsrecht unterrichtete, wußte er, daß amtlich beglaubigte Urkunden die sichersten sind. Deshalb setzte er sich bereits in der Woche nach seiner Entlassung aus dem Krankenhaus mit einem Rechtsanwalt in Verbindung. Der Termin dauerte nur eine Stunde, aber danach waren wir sicher, daß die Eigentumsübertragung so mühelos wie möglich und ohne allzu große Verzögerungen stattfinden würde. Ich bin ihm für diese liebevolle Aufmerksamkeit für immer dankbar.

Vielleicht denken Sie: *Nun, das ist etwas für Leute mit Vermögen, aber ich besitze nicht genug, um diese Umstände mit einem Testament auf mich zu nehmen.* Besitzen Sie mehr als das Hemd, das Sie auf dem Leibe tragen? Besitzen Sie ein Sparbuch? Ein Girokonto? Sparbriefe? Eine goldene Uhr, die Sie von Ihrem Großvater geerbt haben? Wenn ja, möchten Sie doch Ihre Meinung darüber äußern, wie diese Dinge nach Ihrem Tod verteilt werden.

Und Sie dürfen nicht darauf vertrauen, daß alles automatisch auf Ihren Ehepartner übergehen wird. Da jeder Staat, jedes Land andere Gesetze hat, ist es kurzsichtig, anzunehmen, daß der Staat schon alles so regeln wird, wie Sie es erhofften. Also sollten Sie sich bei einem Notar informieren und die notwendigen Vorkehrungen treffen.

Testamente sollten geändert werden, wenn sich die Umstände ändern. In New York hatte ich eine Pflegefamilie für Jay und Holly bestimmt und meinen ortsansässigen Anwalt gebeten, als Testamentsvollstrecker den Verkauf unseres Stadthauses zu erledigen. Jay und Holly wußten, daß sie, wenn mir etwas zustoßen sollte, nach Michigan zurückgeschickt werden, wo sie bei ihren Pflegeeltern leben und in die Schule gehen würden, in der Carl und ich jahrelang zusammen unterrichtet hatten.

Als wir nach Colorado Springs zogen und Jay achtzehn wurde, hielten wir eine Familienversammlung ab, in der ich Jay darauf aufmerksam machte, daß er jetzt die Verantwortung trug. (Welch ungewöhnliche Methode, um sicherzustellen, daß er viel für mich betete, wenn ich auf Geschäftsreisen war!) Dann ließ ich von einem Rechtsanwalt in Colorado Springs, den mir Bekannte empfohlen hatten, ein anderes Testament aufsetzen. Diese Urkunde gibt Jay und Holly das Recht, selbst zu entscheiden, ob sie unser Haus verkaufen wollen oder nicht und enthält auch, welcher Entscheidung ich persönlich den Vorzug geben würde. Die Aufgabe des Rechtsanwalts wird es sein, ihnen Empfehlungen auf Grund der jeweiligen Situation zu geben.

Sollte die Frau berufstätig sein?

Zu den größten Polemiken innerhalb der Kirche gehört der Streit zwischen Müttern, die zu Hause bleiben, und denen, die berufstätig sind. Jedesmal, wenn ich eine solche Auseinandersetzung miterlebe, denke ich an eine Szene des Fernsehfilms Masada. In einer Szene sprach der jüdische Zelot Eleazar über die verschiedenen jüdischen Sekten und sagte dem römischen General, der sie belagerte: „Wenn ihr uns in Ruhe laßt, bringen wir uns gegenseitig um. Aber ihr sorgt für einen gemeinsamen Feind."

Die meisten von uns haben vergessen, daß wir einen gemeinsamen Feind haben. Und anstatt uns innerhalb der Gemeinde gegenseitig zu bekriegen, sollten wir gegen ihn kämpfen. Ich will Ihnen hier nicht sagen, ob Mütter berufstätig sein sollen oder nicht.

Das ist eine Frage, die sie mit ihrem Ehepartner und dem Herrn entscheiden müssen. Aber ich möchte folgendes zu bedenken geben: Unsere Kinder werden viel zu schnell groß, und diese Jahre können nicht zurückgerufen werden. Ich war berufstätig, seit Jay und Holly klein waren. Zunächst hatte ich als Lehrerin ideale Arbeitszeiten und Ferien, die ihrem Stundenplan genau entsprachen. Aber als ich nach dem Tod ihres Vaters den Beruf wechselte, wurden sie Schlüsselkinder, eine Situation voller Herzeleid. Deshalb möchte ich den Ehepaaren, die überlegen, ob die Mutter arbeiten soll, raten, viel zu beten, viel miteinander zu reden und die Sachlage genau zu bedenken, einschließlich der Frage, wieviel es kostet, wenn die Frau berufstätig ist.

Für Lars und Olga bedeutete das, daß sie zunächst den Herrn fragten, wie er möchte, daß sie ihre Rechnungen bezahlten und dann schöpferisch nachdachten. Beide wollten, daß Olga bei den drei kleinen Kindern zu Hause blieb, aber unerwartete Dachreparaturen hatten ihre Ersparnisse aufgebraucht. An einem Abend im März, als sie ihr Gebet beendet hatten, öffnete Olga die Augen und betrachtete das bemalte Osterei, das sie vor einigen Jahren von ihrer estnischen Mutter bekommen hatte. Ein ovales Fenster war vorsichtig in ein ausgeblasenes Ei geschnitten worden, und im Inneren erkannte man eine handgemalte Landschaft mit einem Kreuz auf einem fernen Hügel. Als Kind hatte Olga ihrer Mutter oft geholfen, solche Eier für Freunde anzufertigen, und sie teilte ihren Geistesblitz Lars mit: Sie könnte hundert Eier für den Osterbasar ihrer Gemeinde in drei Wochen malen. Natürlich würde das bedeuten, daß sie eine Zeitlang viele Eier essen müssen, aber sie war davon überzeugt, daß sie einige Hundert Mark damit einnehmen könnte. Lars stimmte begeistert zu und erinnerte sich dann, daß eine seiner Kusinen aus Chicago auch Eier bemalte. Vielleicht könnte man von ihr eine Vorstellung von den Preisen erfahren. Sie rief die Kusine an und bekam Anregungen zu Preisen, Display und einfachen Verpackungen. Lars betreute jeden Abend die Kinder, damit Olga sich auf das Eiermalen konzentrieren konnte, aber seine größte Hilfe bestand darin, daß er ihre Arbeit lobte und ihr sagte, welche Szenen sich seiner Meinung nach am besten verkaufen würden. Als der Basar zu Ende war, hatte Olga den unglaublichen Nettobetrag von 1.990 Mark eingenommen, und man bat sie, auch am 30. Mai, dem amerikanischen Erinnerungstag zum Gedächtnis gefallener Soldaten, estnische Handarbeiten auszustellen.

Nach der Geburt ihrer Tochter wollten Christian und Karin bei sich zu Hause ein Geschäft gründen, das Karins Kochkünste und Christians Geschäftstüchtigkeit verband. Schließlich starteten sie ihre Firma „Das Süße Geschäft" in ihrer Küche, und innerhalb kurzer Zeit verkauften sie nicht nur erlesene Desserts an Restaurants, sondern gaben auch Kurse in Kuchenverzierung und der Herstellung von gefüllten Gebäcken und Konfekt. Bald mußten sie in einen Laden in der Fußgängerzone umziehen, aber da sie die Eigentümer waren, konnten sie das Babybettchen im Nebenraum aufstellen und ihre Arbeitszeiten selbst bestimmen. Beide sagen, sie wollten nie mehr zu einem traditionellen Arbeitsplatz zurück.

Viele Ehepaare wollen – oder können – sich nicht selbständig machen. Darlene und Gerd sagen, daß ihre Ehe stabil ist, weil sie *nicht* zusammen arbeiten. Als sie zusätzliches Einkommen benötigten, übernahm Darlene ab und zu abends und an Samstagvormittagen Tapezier- und Malerarbeiten.

Manche Frauen geben Klavierunterricht, ändern Kleider, betreuen Kinder, übernehmen freiberuflich Korrekturlesen, schreiben Artikel für Lokalzeitungen oder geben Daten in den Computer ein, alles zu Hause. Sprechen Sie mit anderen Ehepaaren, die tun, womit Sie liebäugeln, und lesen Sie alles, was Ihnen in die Hände kommt und Sie auf neue Ideen bringen könnte.

Lindsey O'Connor, eine junge Ehefrau und Mutter dreier Kinder, schrieb ein ausgezeichnetes Buch, um denen zu helfen, die sich ernsthaft mit dem Problem berufstätiger Mütter auseinandersetzen wollen. Das Buch mit dem Titel *Working at Home* (Zu Hause arbeiten) gibt Anregungen und praktische Tips für die Gründung eines

Geschäfts in den eigenen vier Wänden und auch dazu, wie die Kinder dabei nicht zu kurz kommen.[1]

Aber das Wichtigste ist, daß Sie zunächst den Herrn bitten, Ihr finanzielles Problem zu lösen und dann offen sind für schöpferische und auch ungewohnte Möglichkeiten, mit dem Geld klarzukommen. In Matthäus 6,31-33 sagt der Herr: „Darum sollt ihr nicht sorgen und sagen: Was werden wir essen? Was werden wir trinken? Womit werden wir uns kleiden? Nach dem allen trachten die Heiden. Denn euer himmlischer Vater weiß, daß ihr all dessen bedürft. Trachtet zuerst nach dem Reich Gottes und nach seiner Gerechtigkeit, so wird euch das alles zufallen."

Während wir damit rechnen, daß er uns versorgt, dürfen wir nicht vergessen, daß er von uns erwartet, daß auch wir unseren Beitrag dazu leisten. Mir gefällt die Aufforderung: Bete so, als würde alles von ihm abhängen, und arbeite so, als würde alles von dir abhängen". Er gibt zwar jedem Vogel seine Nahrung, aber er wirft sie ihm nicht ins Nest. Deshalb gehen Sie in dem Vertrauen ans Werk, daß er für diesen Bereich des Lebens Sorge trägt und durch die Gaben und Interessen, die er uns schenkte, für uns sorgt.

Merken Sie sich:

1. *Obwohl der Zehnte mehr auf einem alttestamentlichen als einem neutestamentlichen Gebot beruht, zählt die Unterstützung von Gottes Werk zu unseren Vorrechten.*

2. *Sie müssen kein neues Auto haben. Ein guter Gebrauchtwagen ist ein besseres Geschäft.*

3. *Geben Sie nicht mehr als 30 Prozent Ihres Einkommens für Wohnen aus.*

4. *Geben Sie weniger aus, als Sie verdienen.*

5. *Finden Sie heraus, was jedem Partner Geld bedeutet.*

6. Beten Sie über jeder Ausgabe, und lassen Sie sich vom Herrn zeigen, wie Sie Ihr Problem schöpferisch lösen können.

7. Lernen Sie, nein zu sagen.

8. Die finanzielle Bestandsaufnahme Ihrer Familie ist nicht so schwierig wie es klingt.

9. Machen Sie Ihr Testament.

10. Bedenken Sie, wieviel es tatsächlich kostet, wenn die Frau berufstätig ist.

Fragen zur Diskussion

1. Was mußten Sie am Anfang Ihrer Ehe über Geldangelegenheiten lernen?

2. Was waren Ihre größten finanziellen Herausforderungen in jenen Anfangsjahren?

3. Womit haben Sie immer noch Probleme?

4. Nach welchen finanziellen Regeln lebt Ihre Familie?

5. Welchen Rat in finanziellen Fragen würden Sie einem jungen Ehepaar geben?

9.

Wie kann ich diesen unaufhaltsamen Zug aufhalten

KAPITEL 9

In der Zeit, als ich mich manchmal überfordert fühlte und als Ehefrau des Vorsitzenden des Diakonieausschusses und Mutter von zwei Kleinkindern so viel zu tun hatte, daß ich mich hätte zerreißen können, besuchte ich Frau Kennedy, eine ältere schottische Bekannte, im Altenheim. Mit ihr unter dem herrlichen Ahornbaum zu sitzen war seit Wochen die beste Entspannung für mich. Aber als sie mich nach meinem Tagesablauf fragte, klagte ich über meine endlosen Tätigkeiten. Nachdem ich mit meiner Litanei fertig war, sagte Frau Kennedy ruhig: „Du hast einen guten Mann und zwei muntere Kinder und weißt nicht einmal, daß du lebst."

Damals fand ich ihre Bemerkung ziemlich hart. Aber jetzt verstehe ich besser, was sie meinte: Mein Terminkalender war so voll, daß ich mir all des Guten, das ich hatte, gar nicht recht bewußt wurde. Alles, was ich damals wußte, war, daß ich auf einem unaufhaltsamen Zug saß, der außer Kontrolle den Abhang hinunterraste. Aber wenn ich genau hingeschaut hätte, hätte ich gesehen, daß meine *Hand* den Gashebel betätigte.

Bekommen Sie Ihren Terminkalender in den Griff

Erkennen Sie sich in dieser rastlosen Anspannung wieder? Dann denken Sie bitte daran, daß die meisten von uns ihren Tag bestimmen und Änderungen vornehmen können, um ihren Terminkalender etwas ruhiger zu gestalten, ausgenommen diejenigen, die ein behindertes Kind oder zweijährige Zwillinge zu betreuen haben. (Aber sogar wenn man diese außerordentlichen Erziehungspflichten hat, kann man um Hilfe bitten!)

Wenn Sie davon überzeugt sind, daß Sie nicht langsamer treten können, möchte ich Sie fragen: Wohin rennen Sie oder wovor sind Sie auf der Flucht? Ist der Grund für Ihre Geschäftigkeit freudiger Dienst oder verbissene Pflichterfüllung? Fühlen Sie sich tief in Ihrem Inneren so unsicher, daß Sie dauernd beschäftigt sein müssen? Der Familientherapeut Dennis Rainey sagt über einen Mann, der jede Minute verplant, daß „Geschäftigkeit seiner Selbstüberhebung Vorschub leistet, da sie ihm das Gefühl vermittelt, gebraucht zu werden". Nicht nur Männer haben damit zu kämpfen!

Vielleicht wird jemand einwerfen: „Sie haben ja keine Ahnung, welche Anforderungen in meinem Beruf an mich gestellt werden."

O doch! Ich hatte solch einen Arbeitsplatz, der vierzehn Stunden Arbeit am Tag forderte und bei dem ich Schuldgefühle bekam, weil ich nicht noch mehr Zeit investierte.

Verschlankung ist zu einem Alltagswort geworden. Viele Unternehmen haben die Zahl ihrer Angestellten verringert und erwarten jetzt, daß ein Arbeitnehmer die Arbeit von mindestens 1,3 Personen für den gleichen Lohn und bei weniger Freizeit verrichtet. Aber an dem Morgen, an dem mir klar wurde, daß sie, sollte ich tot umfallen, nur über meine Leiche steigen würden, nahm ich mir vor, mich in einem gesünderen Unternehmen zu bewerben. Wir haben Einfluß auf unsere Lebenslage; wir können entweder die Situation oder unsere Reaktion auf die Situation ändern.

Überlastet?

Streß und Überarbeitung sind heute die größten Probleme junger Ehepaare. Natürlich brauchen wir alle Herausforderungen, die uns mit einem Adrenalinstoß unser Tagewerk beginnen lassen. Aber übertreiben wir nicht. Prüfen Sie Ihren Terminkalender realistisch. Denken Sie an folgendes: Am Ende des Lebens hat selten jemand gesagt: „Ich wollte, ich hätte mehr Zeit im Büro verbracht." Traurig höre ich immer noch Don sagen: „Ich wollte, ich könnte all die Zeiten zurückrufen, an denen ich beschloß, wegzubleiben." Das sagte er gerade vier Monate, bevor er starb.

Wenn das Ende Ihres Lebens nahe wäre, wie wünschten Sie, daß Sie Ihre Zeit verbracht hätten? Das ist eine wichtige Frage. Wenn Sie wirklich über alle Aspekte gründlich nachdenken, werden Sie gezwungenermaßen prüfen, wozu Sie leben.

Und wenn Sie schon Ihren Terminkalender prüfen, sollten Sie gleichzeitig auch Ihre Hoffnungen und Träume für Ihre Ehe überdenken. Ich kenne einige Ehepaare, die sich einige Tage freinehmen, nicht nur, um etwas zur Ruhe zu kommen, sondern auch, um den Zustand Ihrer Ehe zu prüfen – wohin sie sich entwickelt hat und wie sie sie gestalten möchten.

Cindy und Chris machen jedes Jahr im August Urlaub, um ihren Hochzeitstag zu feiern und zu beschließen, wie sie ihre Ehe im nächsten Jahr gestalten möchten, einschließlich welche Aufgaben sie in der Kirchengemeinde übernehmen. Ihr Ziel ist, ihre Zeit gut auszunutzen, ohne zu viele Verpflichtungen auf sich zu nehmen.

Aber eine Prüfung muß nicht so formell sein. Mark und Nikki gehen zweimal im Jahr mit einem Notizblock in ein chinesisches Restaurant zum Abendessen. Sherry und Bill werfen alle paar Monate alle Sofakissen vor den Kamin. Petra und Frank gehen am Samstagmorgen zum Frühstück aus, um miteinander in Ruhe die Frage zu besprechen: „Wie steht es mit uns?" Eine Ehe- und Terminkalenderüberprüfung kann man auf verschiedenste Weise durchführen. Das Wichtigste ist, daß Sie miteinander ins Gespräch kommen.

Karl und Sharon wurde bei einer solchen Prüfung klar, daß sie ihr großes Haus verkaufen und einen bescheideneren Lebensstil annnehmen sollten. Als ihre Mutter darüber klagte, daß sie das Haus aufgeben, bemerkte Sharon freundlich: „Mama, es ist doch nur ein *Haus*. Unser *Heim* ist da, wo wir zusammen sind."

Ich will damit nicht sagen, daß wir alle unsere weltlichen Güter verkaufen und uns in die Berge zurückziehen sollen (so verlockend das auch an manchen Tagen scheint). Ich meine damit, daß wir entscheiden müssen, was für uns als Familie wirklich wichtig ist, und dann die Schritte unternehmen, um unser Leben geruhsamer und gesünder zu gestalten, damit wir uns aneinander freuen und als Familie mehr Zeit gemeinsam verbringen können und damit wir mehr Möglichkeiten haben, anderen zu dienen.

Denken Sie daran, daß viele Ehemänner nach dem Grundsatz leben: „Repariere nichts, was nicht kaputt ist." Sie müssen vielleicht freundlich daran erinnert werden, daß regelmäßige Instandhaltung das Kaputtwerden verhindert. Jetzt kommen wir wieder auf die drei Merkmale einer guten Ehe zurück, die wir in Kapitel vier besprachen: Angenommensein, Anerkennung und Verehrung. Wenn Sie sich die Zeit nehmen, um sicherzustellen, daß diese drei einwandfrei funktionieren, sind Sie bald so weit, daß Sie Ihren unaufhaltsamen Zug bremsen können.

Dieses Bremsen und Langsamertreten beginnt oft damit, daß wir Dinge aussprechen, die wir normalerweise für uns behalten. Wie wäre es, wenn wir uns die Zeit nähmen, Dinge zu sagen wie etwa: „Was ich an dir besonders schätze, ist ..." oder „Ich bin gerne mit dir zusammen, weil ..." oder gar „Ich liebe dich, weil ..." Und vergessen wir bei alledem nicht, hin und wieder ehrlich um Vergebung zu bitten.

Beginnen Sie jetzt

Mediziner haben endlich verstanden, daß Streß, der uns erschöpft, mit gesundheitlichen Problemen zusammenhängt, angefangen von der Schwächung des Immunsystems bis zu hohem Blutdruck und Herzkrankheiten. Vor kurzem gab ich meiner Sorge um die Gesundheit einer Verwandten Ausdruck und sagte, daß sie unter zu großem Streß stehe und daß wir ihr eine Haushaltshilfe besorgen würden. Sie lehnte energisch ab und sagte, daß Gottes Wille geschehen würde. Gut, ich glaube, daß Gott für uns sorgt, aber in seiner Allmacht gab er uns die Herrschaft über unseren Körper. Egal, welche Gesundheit er uns gegeben hat, wir müssen gut auf sie achten – und das beginnt damit, daß wir den Streß in unserem Leben einschränken.

Was wollen Sie wirklich vom Leben? Ich denke daran, wie schwer meine Großmutter, die alle „Mama" nannten, arbeitete. In jenen Tagen, in denen es kein Penicillin gab, machte sie sich Sorgen, weil Husten zu einer Lungenentzündung führen und das Brunnenwasser mit Typhuserregern verseucht werden konnte. Deshalb hatte sie immer einen Vorrat getrockneter Kräuter bei der Hand. Sie nähte alle ihre Kleider, die Hemden für ihren Mann und die Kleidung für ihre acht Kinder selbst. Mit ihrem Garten und dem Hühnerhaus versorgte sie die Familie mit Essen. Sie machte jedes Jahr Hunderte von Konservengläsern ein, mit denen die Familie die strengen Winter überlebte, in denen das Haus nur mit einem einzigen offenen Kamin und dem Holzfeuer im Küchenherd geheizt wurde. Jede Woche bürstete sie die Wäsche auf einem Waschbrett und stellte die Seife, die sie brauchte, aus abgetropftem Bratenfett und übriggebliebenem Schweineschmalz her.

Und trotzdem hatte sie Zeit, Freunde zu besuchen, einer Nachbarin in Schwierigkeiten zu helfen, Patchwork-Decken herzustellen, die erste Preise bekamen, und unglaublich feine Lebkuchen zu backen. Ich fragte Mama einmal, wie sie all das ohne unsere „zeitsparenden Haushaltsgeräte" schaffte.

Sie lächelte und sagte: „Das Leben war damals anders. Und wir mußten nicht all das tun, was ihr jungen Leute für unbedingt notwendig haltet."

Ja, das Leben damals war anders. Als Kind, erinnere ich mich, daß die Sonntage wirklich Ruhetage waren. Die Geschäfte, die Bücherei und sogar die Tankstellen waren geschlossen. Das war die Zeit, in der Familien Freunde besuchten oder zum Picknick gingen oder spazierenfuhren. Im Grunde genommen war es eine Zeit, in der man sich mit anderen traf. Heute gehe sogar ich gelegentlich am Sonntag nach der Kirche einkaufen.

Und ich dachte über ihre Bemerkung nach, daß „wir jungen Leute“ mehr auf uns nehmen, als wir müssen. Damit sind wir wieder bei meiner Frage: „Wohin rennen Sie oder wovor sind Sie auf der Flucht?“ Wir haben Entscheidungsmöglichkeiten.

Wenn Sie ernsthaft versuchen, ihren unaufhaltsamen „Zug“ langsamer fahren zu lassen, machen Sie eine Liste aller Dinge, die Sie jeden Tag tun. Als ich das tat, entdeckte ich, daß Arbeit und Schlaf die meisten Stunden beanspruchen. Aber alle anderen Tätigkeiten geben uns eine gute Vorstellung davon, welche Entscheidungen wir jeden Tag treffen. (Denjenigen unter Ihnen, die die Hausaufgaben der Kinder beaufsichtigen müssen, möchte ich versichern, daß diese Betätigung auf *jeden Fall* aufhört.)

Prüfen Sie Ihren Terminkalender

Müssen Sie wirklich alles tun, was auf Ihrer Liste steht? Überprüfen Sie auch die Zeit, die Sie vor dem Fernseher verbringen. Ist es nicht erstaunlich, welch ein Zeiträuber der Fernseher sein kann? Wir schauten nicht viel fern, da Don abends in der Erwachsenenbildung tätig war und erst spät nach Hause kam. Aber an den seltenen Abenden, an denen er zu Hause war, entspannte er sich gerne mit einem guten Film, nachdem Jay und Holly im Bett waren – und er hatte es gerne, wenn ich den Film mit ihm zusammen ansah. So lernte ich, das Strümpfestopfen und Briefeschreiben für diese Zeit aufzusparen, und er schrieb dabei Überweisungen oder putzte alle unsere Schuhe.

Nehmen Sie Änderungen vor

Was können Sie streichen? Eine junge Mutter packte all ihre Nippes weg und sagte, sie spiele lieber mit ihren Kindern anstatt die Zeit mit Abstauben zu verbringen. Ein anderes Ehepaar erkannte, daß die Kinder in ein oder zwei Jahren die Jugendveranstaltungen der Gemeinde besuchen können, was stundenlanges Hin- und Herpendeln zwischen zwei Städten bedeutete. So wurden sie Mitglied einer guten Gemeinde, die nur einen guten Kilometer von ihrer Wohnung entfernt war, um dem Auto – und der Familie – Verschleiß zu ersparen.

Als wir unseren Terminkalender überprüften, beschlossen Don und ich, daß ich meine Zeit nach der Arbeit nutzbringender mit Jay und Holly verbringe. Also stellten wir eine Putzfrau für ein paar Stunden im Monat ein. Ich denke sogar, daß es *biblisch* ist, eine Putzfrau zu haben. Betrachten Sie die wahrlich vollkommene Frau aus Sprüche 31. (Würden Sie es nicht schrecklich finden, wenn diese Frau ihre Nachbarin wäre?)

Zu viele Menschen befassen sich nur mit den Versen 15a und 27-28: „Sie steht vor Tage auf und gibt Speise ihrem Hause... Sie schaut, wie es in ihrem Hause zugeht, und ißt ihr Brot nicht mit Faulheit. Ihre Söhne stehen auf und preisen sie, ihr Mann lobt sie."

Ich würde allerdings gerne einmal eine Predigt über die Verse 15b-16 hören: Sie „bestimmt das Tagewerk für ihre Mägde. Sie denkt an den Ankauf eines Ackers und erwirbt ihn dann auch. Sie legt einen Weinberg an vom Ertrag ihrer Hände."

„Mägde?" He, diese Frau hatte bezahlte Haushaltshilfen! Und „mit dem Ertrag ihrer Hände"? Das bedeutet, daß sie selbst Geld verdiente und selbst darüber bestimmte, wie sie es ausgab – nicht ichbezogen nach dem Motto „das gehört mir". Sie beschloß vielmehr, ihre Fähigkeiten für ihre Familie einzusetzen. Eine forsche Frau! Und Gott hat Segen auf eine solche Frau gelegt!

Maria und Martha

Martha wurde mehr als jede andere Frau im Neuen Testament getadelt, aber ich möchte eine Kirche, religiöse Organisation oder auch eine *Familie* sehen, die ohne eine Martha geführt wird. Schauen wir doch einmal nach, wo ihr schlechter Ruf begann: In Lukas 10,38-42 sehen wir, daß sie versucht, eine Mahlzeit herzubringen, ihre Schwester aber nicht daran interessiert ist, ihr zu helfen:

> Jesus kam mit seinen Jüngern in ein Dorf, wo sie bei einer Frau aufgenommen wurden, die Martha hieß. Maria, ihre Schwester, setzte sich zu Jesus und hörte ihm aufmerksam zu. Martha aber war unentwegt mit der Bewirtung der Gäste beschäftigt. Schließlich kam sie zu Jesus und fragte: „Herr, siehst du nicht, daß meine Schwester mir gar nicht hilft? Sie überläßt mir die ganze Arbeit. Kannst du ihr nicht sagen, daß auch sie etwas tun soll?“ Doch Jesus antwortete ihr: „Martha, Martha, du machst dir viel Sorgen und mühst dich um Dinge, die im Grunde nicht so wichtig sind. Wichtig ist nur eins! Das hat Maria verstanden, und davon werde ich sie nicht abbringen.“

Hier enden die Predigten im allgemeinen, mit dem Hinweis, wie wichtig es ist, zu den Füßen des Herrn zu sitzen. Aber das Problem lag nicht darin, daß Martha kochte und ein Essen servierte; das Problem war ihr nervöser Perfektionismus. In Johannes 12,1-2 sehen wir in der Tat wieder, wie Martha eine Mahlzeit serviert:

> Sechs Tage vor dem Passahfest kam Jesus nach Bethanien, wo Lazarus war, den Jesus von den Toten auferweckt hatte. Dort machten sie ihm ein Mahl, und Martha diente ihm; Lazarus aber war einer von denen, die mit ihm zu Tisch saßen.

Betrachten Sie noch einmal Vers 2: „Martha diente ihm“, und dieses Mal bekam sie keine Rüge. War der frühere Verweis des Herrn genug, so daß sie sich nicht mehr beklagte? Oder hat sie das Wunder der Auferweckung ihres Bruders dazu gebracht, ihr Leben zu ändern?

Alle von uns, die ein traumatisches Ereignis durchgemacht haben, gehen daraus mit dem Wissen hervor, was im Leben wirklich wichtig ist. Martha bekam ihren lieben Bruder zurück. Das muß eine große Wirkung auf ihr Leben – und ihre Einstellung – gehabt haben. Vielleicht hatte sie jetzt eine Ruhe, die sie vorher nicht hatte, und dieser neue, tiefe innere Friede strahlte auf andere aus.

Auch wir können wie Martha sein, die ihre Lektion gelernt und den Tadel des Herrn zu Herzen genommen hat, und die ihm jetzt dient, leichten Herzens und mit leichter Hand auf dem Gashebel ihres Lebens.

Merken Sie sich:

1. *Manchmal ist unser Terminkalender so voll, daß wir uns all des Guten, das wir haben, gar nicht recht bewußt werden.*

2. *Denken Sie daran, daß Ihre Hand den Gashebel betätigt, wenn Sie auf Ihrem unaufhaltsamen Zug sitzen.*

3. *Streß und Überarbeitung sind heute die größten Probleme junger Ehepaare.*

4. *Denken Sie daran, daß am Ende des Lebens selten jemand sagt: „Ich wollte, ich hätte mehr Zeit im Büro verbracht."*

5. *Tragen Sie eine Ehe- und Terminkalenderüberprüfung in Ihren Kalender ein und beschließen Sie gemeinsam, wie Sie Ihre Zeit als Familie verbringen wollen.*

6. *Vergessen Sie trotz Ihres vollen Terminkalenders nicht die drei Merkmale einer guten Ehe: Angenommensein, Anerkennung und Verehrung.*

7. *Wir sind Herr unseres Terminkalenders; entweder können wir ihn ändern oder Möglichkeiten finden, uns an ihn anzupassen.*

8. Martha diente dem Herrn, nachdem sie von ihm getadelt worden war, aber mit einer anderen Einstellung.

9. Beziehen Sie den Herrn in Ihren Terminkalender ein. Fragen Sie ihn, wie Sie Aktivitäten einschränken können. Folgen Sie dann seinen Anweisungen.

Fragen zur Diskussion

1. Was ist zur Zeit die Ursache für den größten Streß in Ihrem Leben?

2. Wie gehen Sie damit um?

3. Wie reagieren Sie auf die Frage: „Wohin rennen Sie oder wovor sind Sie auf der Flucht?"

4. Welche Änderungen nahmen Sie vor – oder wollen Sie vornehmen – um Ihren Terminkalender in den Griff zu bekommen?

5. Sehnen Sie sich manchmal nach den Tagen, in denen das Leben einfacher war? Welche Aspekte jener Zeit können Sie heute in Ihren Terminkalender einbauen?

10.

Dem Herrn dienen durch Dienst am Nächsten

KAPITEL 10

Wenn man sich nicht mehr von unwesentlichen Dingen auf dem Terminkalender hetzen läßt, findet man Zeit, für andere da zu sein. Als Don Vorsitzender des Diakonieausschusses war, brauchten wir nicht lange nach Möglichkeiten suchen, um dem Herrn zu dienen - diese Möglichkeiten wurden an uns herangetragen, da Sozialarbeiter, besorgte Vermieter und sogar Polizisten unsere Kirche auf Familien in bitterer Not aufmerksam machten. Ja, ich bin mir bewußt, daß viele dieser Leute in diese verzweifelte Lage gekommen sind, weil sie die falschen Entscheidungen getroffen haben, aber ich weiß auch, daß allzuoft eine Reihe unglücklicher Vorfälle eine Familie in Not stürzt. Eine längere Krankheit, der Verlust des Arbeitsplatzes, ein Verkehrsunfall – all diese unvorhergesehenen Ereignisse können jeden von uns treffen. Und meistens leiden die Unschuldigsten von allen, die Kinder, am meisten. Also waren wir bereit, zu helfen, anstatt zu verurteilen.

Der Diakonieausschuß brachte den Familien in Not Möbel, Decken, Kleidung, aber meistens Lebensmittel. Wenn ich die Nahrungsmittel kaufte, wählte ich immer die gängigen Grundartikel – Kartoffeln, Brathähnchen, Frikadellen, Braten, Gemüsekonserven – aber ich legte auch einiges in den Einkaufswagen, was ich meinen Kindern kaufen würde – Bananen, Trauben, Äpfel, Orangen und ein Päckchen Süßigkeiten. Und manches Mal leerten Don und ich unseren eigenen Kühlschrank und die Vorratskammer, wenn ein

Notruf hereinkam und die Geschäfte schon geschlossen hatten. Ich erinnere mich an eine Frau, die in einer ungeheizten Wohnung unter alten Mänteln schlief. Welche Freude, ihr nicht nur mit den Strom-, Gas- und Wasserrechnungen und Nahrungsmitteln zu helfen – und mit neuen Decken –, sondern sie auch mit der Behörde in Verbindung zu bringen, die ihr bei einer Berufsausbildung behilflich sein konnte.

„Jesus liebt mich"

Ich denke an eine alleinerziehende Mutter, die ich besuchte: Sie hatte kaum ihre Miete bezahlen können. Ihr Vermieter, Gott segne ihn, senkte die Miete um 50 Mark, dann rief er an einem Freitag die Kirche an und gab seiner Sorge Ausdruck, daß die Familie nichts zu essen hätte.

Die Sekretärin der Kirche rief mich sofort an und fragte, ob ich der Familie etwas bringen könne. Anrufe in letzter Minute waren nichts Neues. So sagte ich zu, rief die Mutter schon einmal an, um ihr zu sagen, daß ich Lebensmittel bringen würde, und fragte sie, welche Zeit ihr passen würde. Ihr kaum hörbares „egal wann" sagte mir zweierlei: Wahrscheinlich hatte sie nichts für das Abendessen und zweitens war sie verlegen, die Lebensmittel anzunehmen.

So klopfte ich kurz vor fünf Uhr nachmittags mit zwei riesigen Einkaufstüten voller Lebensmittel im Arm an eine Tür, die schon lange nicht mehr gestrichen worden war. Als die Mutter öffnete, schaute sie mir nicht in die Augen, aber das Kleinkind auf ihrer Hüfte beobachtete mich mit großen Augen. Ich stellte mich vor, sagte noch einmal den Namen der Kirche, die mich geschickt hatte, und wollte die Tüten auf den Tisch stellen. Immer noch mit gesenktem Blick deutete die Mutter in Richtung Küche.

Damals waren mir alleinerziehende Mütter ein Geheimnis (glücklicherweise wußte ich nicht, daß ich in weniger als fünf Jahren auch zu ihnen gehören würde). Ich stellte die Tüten auf den Tisch und fragte mich, wie sie und ihre Kinder überlebten. Als ich mich umdrehte, sah ich, wie ein etwa fünfjähriges Mädchen den Raum betrat. Ihr blondes Haar war ungekämmt. Sie schaute mit großen Augen auf die überquellenden Tüten. Ich wollte gehen, damit sie ungezwungen die Lebensmittel auspacken konnten, aber die Mutter mußte noch eine Erklärung stammeln.

„Ich habe die Kinder immer zur Kirche gebracht, aber mit all den Schwierigkeiten zwischen mir und meinem Mann – meinem ehemaligen Mann – habe ich es nicht mehr getan. Aber Elisabeth hier hat einige Lieder gelernt." Sie wandte sich an das kleine Mädchen. „Sing 'Jesus liebt mich' für die Dame."

Aber das kleine Mädchen flüsterte: „Ich will nicht," als ihre Mutter sie anstarrte.

Da ich die Mutter nicht in eine peinliche Situation bringen wollte, sagte ich schnell: „Ach, es ist recht. Sie braucht nicht singen."

Die Frau schien entschlossen, zu beweisen, daß sie eine gute Mutter war, und warf dem Kind einen durchdringenden Blick zu. „Ich sagte, du sollst für die Dame singen."

Und so starrte das kleine Mädchen auf die Wand hinter mir und sang mit piepsender Stimme: „Jesus liebt mich ganz gewiß, denn die Bibel sagt mir dies", und die Mutter nickte dabei. Als das Mädchen mit Singen fertig war, verabschiedete ich mich und eilte aus der Tür, während das Mädchen sich auf die Tüten stürzte.

Ich wollte, ich hätte das kleine Mädchen umarmt und ihr nicht nur für das Lied gedankt. Und ich wollte, ich hätte auch die Mutter umarmt. Aber das war vor langer Zeit, als ich noch angespannt und gehetzt war, und da umarmte ich einfach nicht Leute, die ich nicht kannte. Aber ich hätte sie im Namen Jesu umarmen können – oder sollen. Auch nach all den Jahren denke ich noch an das kleine Mädchen, das singen mußte. Zweifellos ist sie inzwischen selbst Mutter, und ich hoffe, daß dieses „Jesus liebt mich" sie wie ein schützender Mantel umgibt und durchs Leben führt.

Senkrechtstart für Ihre Ehe

Seit jenen Tagen, an denen ich jede Woche Lebensmittel verteilte, habe ich einige andere Ehepaare kennengelernt, die die Freude des gemeinsamen Dienens erlebten. Angela und Holger betonen, daß die gemeinsame Arbeit auf einer Konferenz für ihre Ehe einen Senkrechtstart bedeutete.

„Die Kinder und Rechnungen waren praktisch unser einziges Gesprächsthema", sagte Angela. „Dann brach sich unser Pastor den Arm und bat uns um Mithilfe bei der Missionskonferenz. Wir sagten nur zu, weil wir keine gute Ausrede fanden, aber es wurde zum Besten, was zu diesem Zeitpunkt in unserer Ehe geschehen konnte."

Holger stimmt zu. „Ich wußte, daß Angela sehr genau und gewissenhaft ist, aber außer an Weihnachten sah ich sie nie richtig in Aktion. Durch die gemeinsame Arbeit mit ihr an demselben Projekt lernte ich sie ganz neu schätzen – und unsere Familie erkannte, daß Papa und Mama sich auch für Dinge einsetzen, die in der Welt vor sich gehen."

Ein anderes Ehepaar, Marie und Theo, arbeitete einige Jahre lang für das „Habitat for Humanity"-Büro („Menschenwürdiges Wohnen"). Die gemeinsame Arbeit als Familie brachte System in unseren chaotischen Terminplan", sagt Theo. „Außerdem bekamen wir eine neue Sichtweise. Es ist schwierig, ständig den letzten Schrei für sein eigenes Haus zu wollen, wenn man sieht, daß es anderen Familien sogar am Nötigsten fehlt."

Als ich Anfang vierzig meinen Beruf wechselte und in der Redaktion einer christlichen Zeitschrift arbeitete, interviewte ich oft christliche Ehepaare, die sich gemeinsam für andere einsetzten. Wir interviewten Familien, die AIDS-kranke Babies adoptiert hatten, während ihres Urlaubs als Kurzzeitmissionare in Haiti arbeiteten oder als Rentner im Wohnmobil unterwegs waren und bei der Renovierung von Freizeitheimen und Kirchen halfen. Wir interviewten sogar eine Familie, die gegen Pornographie kämpfte und erreichte, daß die Gesetze ihres Staates verschärft wurden.

Zahllose Ehepaare bewegten etwas in ihrer Gemeinde, weil sie sich als Elternvertreter in der Schule engagierten, sich mit Lehrern und Direktoren trafen und bei schulischen Veranstaltungen mithalfen. Und ganz nebenbei haben sie dabei oft die Gelegenheit, ihren Glauben zu bezeugen.

Zeugnis für Christus durch Hilfe am Nächsten

Ein Ehepaar aus Florida, Doug und Billie, nahmen Toni, eine junge, ledige Mutter und ihre kleine Tochter fünf Monate lang in ihrer Familie auf, bis sie es sich leisten konnte, in eine eigene Wohnung zu ziehen. Dank ihrer Liebe und Fürsorge entschied sich Toni für ein Leben mit Christus. Später heiratete sie einen jungen Christen, der nicht nur sie, sondern auch ihre Tochter wie sein eigenes Kind liebte. Als Billie Toni nach der Geburt ihres Sohnes besuchte, brachte Toni zum Ausdruck, wie glücklich sie ist, und dankte Billie und ihrer Familie, daß sie für sie dagewesen sind.

Billie sagt: „Vielleicht hätte Toni es ohne uns geschafft, vielleicht aber auch nicht. Und wir hätten nicht die Freude erlebt, Gottes Werkzeug bei der Veränderung eines Lebens zu sein. Diese Freude wollte ich um nichts auf der Welt missen.“[1]

Vor kurzem rief ich Ray Stranske aus Denver an, über den und seine Frau Marilyn wir 1989 eine Titelgeschichte herausgebracht hatten. Zu meiner Freude entdeckte ich, daß beide immer noch für die Sache Christi tätig waren. Vor über fünfzehn Jahren gründeten sie „Gemeinden der Hoffnung“ mit dem Ziel, verlassene Wohnblocks und alte Häuser zu renovieren und sie in saubere, gesunde Wohnungen zu verwandeln. Das Leben zahlloser Menschen wurde verändert, weil dieses Ehepaar bereit war, sich um die zu kümmern, die keinen Ausweg aus ihrer hoffnungslosen Lage sahen. Aber wie Marilyn 1989 bei dem Interview sagte, ging ihre Berufung über die Renovierung von Häusern hinaus: „Zur Berufung eines Christen gehört es, sich der Schmerzen und der Probleme anzunehmen, die vom Bösen in der Welt verursacht wurden“, sagte sie. „Gebäude und Programme vergehen. Unsere Arbeit ist es, Menschen zu lieben und Beziehungen aufzubauen, damit der Herr in unser aller Leben wirken kann.“[1]

Wenn man den Herrn in seinem Leben wirken läßt, geschehen oft die erstaunlichsten Wunder.

Jan und Boyd Keefer, ein Ehepaar aus Neumexiko, begann aus Trauer über den Tod ihres neunzehnjährigen Sohnes einen Bibelkreis in ihrer Wohnung, nachdem ein Freund ihres Sohnes Fragen gestellt hatte. Und der Herr ermutigte und segnete ihre Bemühungen, anderen etwas zu geben.

Als der Bibelkreis wuchs und jede Woche oft zwanzig oder mehr Personen kamen, boten die Keefers ein einfaches Abendessen an, um die Gemeinschaft unter den Teilnehmern noch mehr zu fördern. An einem Nachmittag beschloß Jan, siebenundzwanzig gebackene Kartoffeln vorzubereiten, da sie dachte, daß fünfundzwanzig Personen an diesem Abend kommen würden. Statt dessen kamen einunddreißig Personen. Jan und ihr Mann kamen stillschweigend überein, keine Kartoffeln zu nehmen und später etwas zu essen. Jan beobachtete, wie der Berg Kartoffeln kleiner wurde, und überlegte, was sie den letzten vier Personen, die keine Kartoffel bekommen würden, vorsetzen könnte. Aber als alle an der Reihe waren und jeder eine Kartoffel genommen hatte, waren immer noch zwei in der Schüssel – eine für sie und eine für ihren Mann.[2]

Jetzt sagen bestimmt manche, daß sie sich verzählt hatte, daß Gott das Wunder der „Brote und Fische“ nicht mit Backkartoffeln in Aluminiumfolie wiederholt. Aber Jan weiß es besser. Schließlich hatte sie die Kartoffeln *zweimal* gezählt.

Also denken Sie darüber nach. Braucht Ihre Familie einen „Senkrechtstart“? Beginnen Sie damit, etwas für andere zu tun.

Ein Glas Wasser

Oft wollen wir uns nicht mit den Bedürfnissen anderer Menschen beschäftigen, weil wir fürchten, daß wir es nicht schaffen oder nicht die notwendigen Kenntnisse oder was auch immer besitzen. Aber denken Sie an folgendes: „Gott liegt weniger an unserer *Fähigkeit* als an unserer *Bereitschaft.*"

Ich verstehe die Befürchtungen, die uns von einem Segen abhalten können. Auch bei mir dauerte es eine Weile, bis ich lernte, wie wichtig es ist, so zu sein, wie ich bin, und das lernte ich wegen der Freundschaft mit Marta Gabre-Tsadick, der ersten Senatorin von Äthiopien.

Ich lernte Marta während unserer Bibelkonferenz kennen. Ihre ganze Haltung verriet Autorität und Anmut. Erhaben und schön war sie, alles, was ich nicht war.

Dr. Bartlett Hess, unser Pastor, war in jener Woche auch auf der Konferenz und kannte Martas Ruf und ihre führende Stellung auf politischer und geistlicher Ebene. Er lud sie ein, in unserer Kirche über die marxistische Machtübernahme zu sprechen, die ihr geliebtes Äthiopien – und die älteste christliche Nation der Welt – zerstört hatte.

Der vereinbarte Termin war in zwei Monaten. Spontan bat ich Marta, an dem Wochenende, an dem sie sprechen würde, bei uns zu wohnen. Don und ich beherbergten oft Gastredner, und als Marta meine Einladung freundlich annahm, hielt ich die Sache für geregelt.

Einige Wochen später jedoch berichtete mir eine Bekannte, die zu Besuch in Martas Haus war, daß Marta ihr ein Glas Wasser auf einem Tablett serviert hatte. Äußerlich nickte ich, wie sehr das zu der eleganten Marta paßte, aber innerlich zuckte ich zusammen.

Ein Glas Wasser auf einem Tablett servieren? Ich wußte nicht einmal, ob ich überhaupt ein Tablett besaß, geschweige denn, wie man damit serviert. Wenn bei uns jemand in die Küche kommt und um ein Glas Wasser bittet, so mache ich einfach mit meiner Arbeit weiter und deute auf den Küchenschrank: „Klar. Die Gläser stehen da oben. Das Wasser ist im Kühlschrank. Bediene dich."

Woran in aller Welt dachte ich, als ich jemanden wie Marta zu uns einlud? Mit jedem Tag, der verging, wurde ich nervöser. Ich dachte daran, ein Tablett zu kaufen und damit zu trainieren. Dann verwarf ich diesen Gedanken wieder; ich könnte ja mit dem Tablett stolpern und das Wasser auf ihren Schoß schütten. Meine selbstauferlegte Not dauerte an. Ich dachte sogar daran, Marta zu schreiben, daß ein unerfreuliches Ereignis uns leider zwingt, unsere Einladung zurückzuziehen und daß wir ein hübsches Hotelzimmer für sie reservieren. Das wäre nicht einmal gelogen. Ich schlief ja nicht mehr! Und wenn ich nicht schlafe, bin ich wirklich unfreundlich.

Schließlich tat ich, was ich gleich hätte tun sollen, als die ganze Panik begann – ich betete. Ich kniete neben dem alten roten Stuhl im meinem Arbeitszimmer und schüttete meine Unsicherheiten vor dem Herrn aus: „Herr, diese Frau war Mitarbeiterin Seiner Kaiserlichen Hoheit Haile Selassie, und sie nennt seinen Namen so beiläufig, wie ich den Namen meines Onkels ausspreche. Und sie ist elegant, Herr. Sie *geht* nicht in ein Zimmer, sie *schreitet*. Was in aller Welt tue ich mit ihr in meinem Haus?"

Während ich betete, erkannte ich, daß Gott mein Problem schon verstanden hatte, aber für mich war es nötig zu hören, daß ich ehrlich meine Gedanken aussprach. Dann war ich so vernünftig, zu schweigen und zuzuhören. Zwar hörte ich keine Worte, aber eine tiefe Ruhe kam über mich. Dann war es, als sagte der Herr meinem matten Geist: „Marta handelt so, wie *sie* ist. Warum versuchst du nicht einfach, so zu sein, wie *du* bist?"

Ich blickte mich um. Bei solch einer Erkenntnis muß zumindest ein Erzengel neben mir stehen. Aber kein himmlisches Wesen lächelte mir zu, und kein glänzendes Licht füllte den Raum. Es war immer noch mein unaufgeräumtes Arbeitszimmer, und der Stuhl war immer noch verschossen rot und abgenützt. Aber *ich* war anders, ich wurde frei. Wir hatten zuvor auch schon Gäste – ich würde einfach meine besten Rezepte auskramen und unseren Pastor und seine Frau auch einladen.

In der folgenden Woche machte Don eine Bemerkung über meine Ruhe, fragte aber nicht nach dem Grund. Ich bin mir nicht sicher, ob ich es überhaupt hätte erklären können. Ich wußte einfach, daß ich inneren Frieden hatte.

Als das besagte Wochenende kam, erwiesen sich Marta, ihr Mann Deme und ihre beiden Söhne als so angenehme Gäste, daß ich mich mehr auf die spannende Geschichte ihrer Flucht aus Äthiopien als auf mich selbst konzentrierte.

Danach wollte Marta beim Geschirrspülen helfen, aber ich bestand darauf, daß sie sich ausruhte, bevor sie am Abend ihren Vortrag halten mußte. Widerwillig verließ sie die Küche, als ich den Tisch abräumte. Aber ein paar Minuten später stand sie wieder da. „Könnte ich bitte ein Glas Wasser haben?“ fragte sie mit ihrer sanften Stimme.

Ich wischte weiter den Tisch ab und antwortete ohne nachzudenken: „Klar. Die Gläser sind in dem Schrank dort, und das Wasser ist im Kühlschrank. Bediene dich.“ Ich drehte mich um und hätte am liebsten in den Spüllappen gebissen, so peinlich war mir das. In meinem Herzen grollte ich dem Herrn. *Ich weiß, daß du mir gesagt hast, ich solle ich selbst sein, aber das hier geht zu weit. Wie konnte ich in aller Welt so mit Marta sprechen?*

Er antwortete nicht, aber ich war so sehr damit beschäftigt, ihm Vorhaltungen zu machen, daß ich es sowieso nicht gehört hätte.

An jenem Abend, als wir uns fertigmachten, um zur Gemeindeveranstaltung zu gehen, umarmte Marta mich besonders herzlich. Die Hand schon auf der Türklinke, drehte sie sich noch einmal um. Tränen standen ihr in den Augen.

„Danke, daß du uns an diesem Wochenende dein Heim geöffnet hast. Zwei Jahre lang schon fühlten wir uns nicht mehr zu einer

Familie zugehörig, bis jetzt", sagte sie. „Wir mußten unsere Familien zurücklassen – unsere Geschwister und unsere Eltern. Und bei unserem letzten Abschied konnten wir sie nicht länger oder herzlicher als sonst umarmen, denn wir wußten, daß ihre künftige Sicherheit in einem erstaunten 'Aber wir wußten nicht, daß sie weggingen!' liegt, wenn die Soldaten sie über unseren Aufenthaltsort ausfragten. Wie sie uns fehlen..." Sie machte eine Pause, dachte nach, und dann sagte sie: „Danke, daß du uns Teil deiner Familie werden ließest. Danke, daß du uns dein Heim an diesem Wochenende geöffnet hast. Danke, daß ich mir mein Wasser selber holen durfte."

Jetzt fing ich auch zu weinen an und umarmte sie, während unsere Männer verlegen daneben standen. In den folgenden Monaten wurde mir Marta eine liebe Schwester, und diese Freundschaft wäre nicht zustande gekommen, wenn ich es zugelassen hätte, daß meine Unsicherheiten mir meine Freude – und auch den Spaß raubten, so zu sein, wie ich wirklich bin.[3]

Bitten Sie den Herrn, Ihnen zuerst zu zeigen, wer sie in ihm sind und dann, wie Sie und Ihr Ehepartner ihm im Dienst an anderen dienen können. Seien Sie für ungewöhnliche Aufgaben offen und vertrauen Sie darauf, daß Sie als Ehepaar wachsen, wenn Sie gemeinsam an Projekten arbeiten, seien sie noch so einfach. Sie werden nicht nur Ihre bis dahin ungenutzten Gaben als Werkzeug Gottes in dieser jämmerlichen Welt einsetzen, sondern auch die Möglichkeit bekommen, Ihren Ehepartner in einem anderen Licht zu sehen. Worauf warten Sie noch? Gehen Sie und helfen Sie jemandem!

Merken Sie sich:

1. *Seien Sie bereit, zu helfen, anstatt zu verurteilen. Eine längere Krankheit, der Verlust des Arbeitsplatzes, ein Verkehrsunfall – all diese unvorhergesehenen Ereignisse können jeden von uns treffen.*

2. *Meistens leiden die Unschuldigsten von allen, die Kinder, am meisten.*

3. *Viele Ehepaare haben die Freude des gemeinsamen Dienens erlebt und lernten dabei, einander neu zu schätzen.*

4. *Es ist schwierig, den letzten Schrei für sein eigenes Haus zu wollen, wenn man sieht, daß es anderen Familien sogar am Nötigsten fehlt.*

5. *Beginnen Sie damit, Ihre eigenen Interessen zu erkennen, und finden Sie auf dieser Grundlage Möglichkeiten, dem Herrn zu dienen, sei es, indem Sie sich um verwahrloste Kinder kümmern, als Kurzzeitmissionare arbeiten oder indem Sie zusammen mit Freunden bei der Renovierung von Freizeitheimen und Kirchen helfen.*

6. *Ihr Dienst muß nicht aufsehenerregend sein. Zahllose Ehepaare bewegten etwas in ihrer Gemeinde, weil sie sich in der Schule ihrer Kinder engagierten.*

7. *„Zur Berufung eines Christen gehört es, sich der Schmerzen und der Probleme anzunehmen, die vom Bösen in der Welt verursacht wurden."*

8. *Wenn man den Herrn in seinem Leben wirken läßt, geschehen oft die erstaunlichsten Wunder.*

9. *Für andere da zu sein bewirkt oft den benötigten „Senkrechtstart" für Ihre Familie.*

10. *Denken Sie an den alten Spruch: „Gott liegt weniger an unserer* Fähigkeit *als an unserer Bereitschaft."*

Fragen zur Diskussion

1. *Welche Erfahrungen machten Sie, indem Sie mit ihrem Ehepartner dem Herrn durch Dienst am Nächsten dienten?*

2. *Welche Erfahrungen im Dienen machten Sie mit Ihren Kindern (oder würden Sie gerne mit ihnen machen)?*

3. *Was waren die Ergebnisse dieser Erfahrungen? Erlebten Sie Wunder?*

4. *Welche Freuden oder größeren Erkenntnisse gewannen Sie im Dienst an anderen?*

5. *Welchen Rat würden Sie Menschen geben, die nach Möglichkeiten suchen, anderen Gottes Liebe zu zeigen?*

11.

Schwiegereltern – schwierige Leute?

KAPITEL 11

In der Mittagspause war Donna, eine Lehrerin, die an derselben Schule wie ich unterrichtet, besonders aufgebracht. Ihre Schwiegermutter hatte am Abend zuvor angerufen und ein paar Minuten mit ihrem Sohn gesprochen und dann gesagt: „Warum schreibt Donna nie?"

Der Sohn hatte nach dem Anruf dieselbe Frage an Donna gerichtet. Sie zuckte mit den Schultern und sagte: „Ach so, jetzt möchte deine Mutter wohl Freundschaft schließen?"

Vor drei Jahren, scheint es, als Donna und ihr Mann miteinander befreundet waren, hatte seine Mutter ihm gesagt, daß Donna nicht die richtige Frau für ihn sei und er es bereuen werde, wenn er sie heirate. Im ersten Ärger hatte er Donna erzählt, was seine Mutter ihm gesagt hatte. Nun, die Hochzeit fand statt, aber Donna beschloß, nie etwas mit „dieser Frau" zu tun zu haben.

Dieses ungelöste Problem stand zwischen ihnen. Anscheinend hatte die Mutter ihre Meinung geändert und beschlossen, das Beste aus der Situation zu machen und Donna anzunehmen, aber sie hatte es Donna nie gesagt. Nötig wäre hier eine altmodische Entschuldigung und eine Einladung, von vorne anzufangen. Aber wie ich Donna kenne, war sie so sehr in diesem Machtspiel gefangen, daß ich nicht sicher bin, ob sie bereit gewesen wäre, nachzugeben. Und so verloren alle.

Der Wirklichkeit ins Auge sehen

Wenn Sie nie Probleme mit Ihrer angeheirateten Verwandtschaft hatten, dann überspringen Sie dieses Kapitel. Aber allzuoft höre ich traurige Geschichten von Beziehungen, die eine Überholung dringend nötig hätten. Die meisten Ehepaare, mit denen ich zusammentraf, waren sich nicht bewußt, daß sie die ganze Familie und nicht nur einen einzigen Menschen heirateten, als sie ihr Jawort gaben. Für mich war das ein schwieriger Lernprozeß. Meine ordentlichen – und wohlhabenden – Schwiegereltern waren entsetzt, daß ihr Sohn jemanden aus den Bergen Kentuckys heiratete, und sie waren schnell dabei, mich an meine Herkunft zu erinnern. (Unsinn! Ich war das Beste, was dieser Familie je widerfuhr!)

Zu ihren bevorzugten Gesprächsthemen gehörte die Sorge über all die „Hinterwäldler“, die in ihre Gegend zogen. Als wir einmal zusammen mit Dons Eltern auf der Fahrt zu einem Onkel an einer Tankstelle neben einer Familie in einem schmutzigen Auto hielten, runzelte Dons Mutter die Stirn und sagte: „Also schaut doch einmal diese Hinterwäldler an.“

Damals war meine Taktik noch nicht sehr wirksam: Gewöhnlich setzte ich in solchen Fällen meinen strengen Lehrerblick auf und wechselte das Thema. Schließlich faßte eine Redensart meine Herausforderung zusammen: „Wer gegen seinen Willen überzeugt wird, hält immer noch an seiner eigenen Meinung fest.“

Im Lauf der Jahre wurden die spitzen Redensarten immer weniger. Ich denke gerne, daß das daran lag, daß ich mich auf keinen Streit einließ und daß ich sie oft zum Essen einlud. (Mir fällt auf, daß sie keine Schwierigkeiten damit hatten, „so etwas“ zu essen.) Aber in Wirklichkeit habe ich einfach mehr Selbstachtung bekommen, und sie gaben klein bei.

Es dauerte eine Weile, bis es so weit war. Ich erinnere mich, daß Dons Mutter an einem Sonntagnachmittag zu Beginn unserer Ehe fragte: „Nun, was für hübsche Sachen hat die junge Ehefrau denn in dieser Woche gemacht?“

Gerade ein paar Tage vorher hatte ich Schokoladenplätzchen mit Unmengen Pekannüssen gebacken. Don hatte sie verschlungen und gesagt: „Das sind meine Lieblingsplätzchen!“ Und ich wollte ihr zeigen, daß ich ihren Sohn gut versorgte und zwitscherte: „Ich machte seine Lieblingsplätzchen.“

Sie lächelte. „O, mit Erdnußbutter.“

Ich schüttelte den Kopf. „Nein. Schokoladenplätzchen.“

Sie richtete sich kerzengerade auf. „Ich habe sein ganzes Leben lang für ihn Plätzchen gebacken. Seine Lieblingsplätzchen sind mit *Erdnußbutter!“*

Ich war so klug, jetzt den Mund zu halten, aber Sie können mir glauben, daß Don später etwas zu hören bekam! Dann fragte ich: „Warum hast du mir gesagt, daß deine Lieblingsplätzchen die mit Schokolade sind?“ Als typischer Friedensstifter grinste er und sagte: „Nun, Schokoladenplätzchen sind meine Lieblingsplätzchen, die *du* machst, und die mit Erdnußbutter sind meine Lieblingsplätzchen, die meine *Mutter* macht.“

Obwohl ich erst kurze Zeit verheiratet war, hatte ich gelernt, daß ich Don nicht ändern würde und ihn auch nicht dazu bringen könnte, so zu denken wie ich. Deshalb traf ich zwei Entscheidungen: Erstens vor seiner Mutter nie mehr Plätzchen zu erwähnen. Und zweitens, nicht jedes Mal, wenn wir sie besuchten, auf das Schlimmste gefaßt zu sein. Denn wenn man auf das Schlimmste gefaßt ist, bekommt man es auch.

Es ist merkwürdig, daß ich diesen Beschluß faßte. Schließlich verstand ich mich aufs Kämpfen; ich stamme ja aus Kentucky, genauer gesagt aus dem Bezirk Harlan. Als ich letztes Frühjahr in Charleston, Süd-Carolina, sprach, fragte mein Gastgeber einen Bekannten, der auch aus Kentucky kam, ob er etwas über meinen Geburtsort wüßte. Der Bekannte nickte. „O ja. Ich habe deine Rednerin noch nie gesehen, aber ich kann dir eines sagen: Wenn sie aus dem Bezirk Harlan kommt, dann ist sie ein Kampfhahn!“

Und das bin ich wirklich. (Können Sie sich vorstellen, wie ich ohne den Herrn wäre?!) Ich möchte jetzt nicht hochmütig auf mein Durchsetzungsvermögen sein, aber ich kann mich schon behaupten. Als Lehrerin habe ich nur dann meine Stimme erhoben, wenn ich eine Rauferei beenden mußte. Ich schrie dann meinen Namen: „Hört sofort auf; ich bin Aldrich!“ Und die Schüler trennten sich! Ich packte dann die beiden Missetäter am Arm, und ab ging's ins Büro. Die anderen Schüler sagten dann: „O, mit der ist nicht gut Kirschen essen. Hast du gesehen, wie sie die gepackt hat?“

Aber diese Unnachgiebigkeit hilft kein bißchen weiter, wenn man eine Beziehung aufbauen möchte. Das hat mich Don zum Beispiel im Umgang mit meinen Eltern gelehrt. Sicherlich sagten Dons Eltern einige unfreundliche Dinge, aber ich muß gestehen, daß auch meine Eltern nicht begeistert von dem grinsenden Schotten waren, der plötzlich aufkreuzte und ihnen ihre Tochter „stehlen“ wollte.

An einem Sommernachmittag, als wir noch nicht verheiratet waren, gingen meine Eltern besonders auf Distanz. Später fragte ich Don: „Wie konntest du so nett zu jemandem sein, der dauernd versucht, dich zu ignorieren?“

Er grinste nur und sagte: „San, Ich liebe sie jetzt, weil sie deine Eltern sind. Eines Tages werde ich sie ihretwillen lieben, genau wie sie mich auch lieben werden. In der Zwischenzeit kommen wir schon miteinander zurecht.“

Schon als wir nur kurze Zeit verheiratet waren, hatten Dons Humor und seine Entschlossenheit, sich für alle Interessen meiner Eltern auch zu interessieren, zur Folge, daß sie ihn fest ins Herz schlossen. Ja, nachdem Dons Krebserkrankung festgestellt worden war und wir über die Möglichkeit sprachen, daß er vielleicht sterben müßte, sagte er, daß er im Familiengrab *meiner* Familie begraben werden möchte. „Deine Mutter half, die Lücke auszufüllen, die nach dem Tod meiner Mutter entstand“, sagte er mir, „und für sie wird es schwer sein, wenn das alles vorüber ist. Aber hindere sie daran, zu oft auf den Friedhof zu gehen. Ich werde sowieso nicht dort, sondern beim Herrn sein."

Noch heute fehlt er ihnen – genau wie mir.

Ein anderer Blickwinkel

Es ist erstaunlich, wieviel der jeweilige Standpunkt ausmacht, wenn man über Schwiegereltern spricht. Meine Großmutter erzählte gerne die Geschichte der Mutter, die über die junge Frau seines Sohnes gefragt wurde. „Ach, sie ist so faul. Sie erwartet, daß mein Sohn beim Geschirrspülen hilft und auf die Kinder aufpaßt und mit ihr einkaufen geht. Ich weiß nicht, wie lange er das noch aushält."

Die Besucherin schüttelte den Kopf. „Das tut mir leid. Und wie steht es mit der Ehe deiner Tochter?"

Die Mutter lächelte. „O, sie hat den besten Ehemann der Welt! Er hilft ihr beim Geschirrspülen, paßt gerne auf die Kinder auf und geht mit ihr einkaufen. Er ist wunderbar. Sie hat wirklich Glück, daß sie so einen guten Mann bekommen hat."

Hier ein paar bewährte Ratschläge, die Ihnen helfen, eine angenehme Beziehung zu Ihrer angeheirateten Verwandtschaft aufzubauen.

Lassen Sie sich auf keine Auseinandersetzungen ein

Nehmen wir uns hier doch den Herrn zum Beispiel. Er gewann Menschen, keine Auseinandersetzungen.

Wieder einmal gab mir Don hier ein gutes Beispiel: Er regte sich nicht auf, als einer meiner Verwandten ihm erzählen wollte, wie er etwas Bestimmtes machen sollte. Don debattierte nicht. Er lächelte einfach und sagte etwas wie: „Danke! Nett von dir, daß du dich dafür interessierst", oder „Ich lasse es mir durch den Kopf gehen. Danke." Natürlich neckte ich ihn, daß er dann doch tat, was er sowieso schon wollte, aber er erinnerte mich daran, daß zu einem Streit zwei gehören.

Eine seiner Hauptrollen in beiden Familien war es, Friedensstifter zu spielen. Wenn er die gegnerischen Parteien nicht mit logischen Argumenten umstimmen konnte, appellierte er an ihr Gefühl: „Mensch, das Leben ist zu kurz, um zu streiten", sagte er. „Überlegen wir doch mal, ob wir nicht eine Lösung finden." (Seine Bemerkung, daß „das Leben zu kurz" ist, erwies sich als Vorhersehung.)

Seine Gabe, Frieden zu stiften, fehlte uns sehr. Als ich das letzte Mal vor Jays, Hollys und meinem Wegzug aus New York alle Aldrichs zum Essen einlud, wurde uns die Lücke, die er hinterließ, schmerzlich bewußt, als zwei meiner Verwandten in einen heftigen Wortwechsel gerieten und schließlich früher gingen. Ich konnte nichts als weinen und jeden bitten, nicht zu gehen. Ich war keine große Hilfe. Wäre Don hier gewesen, wäre der Streit gar nicht so weit gekommen. Niemals hätte er es zugelassen, daß jemand im Zorn unser Haus verläßt.

Beten Sie ohne Unterlaß

Wie wäre es, jeden Tag den Herrn in unsere Beziehung zu unserer angeheirateten Verwandtschaft hereinzulassen? Wenn wir jeden Morgen sagen würden: „Herr, dieser Tag gehört dir. Ich gehöre dir. Hilf mir dementsprechend zu handeln." Der Herr weiß, daß wir über einige Bemerkungen der Verwandtschaft aufgebracht sind, also können wir ruhig mit ihm darüber sprechen. Erinnern Sie sich an 1. Samuel 17, wo David dem Riesen Goliath gegenübersteht? In Vers 47 sagt er: „Der Krieg ist des Herrn", (also nicht unserer). Aber oft vergessen wir das und versuchen, den Kampf zu unserer Sache zu machen.

Hüten Sie Ihre Zunge

Denken Sie daran, man muß nie um Vergebung für all die bissigen Worte bitten, die man nicht sagt. Betrachten Sie 1. Könige 19. Elia war niedergeschlagen. Er hatte eben einen großen geistlichen Sieg davongetragen und war jetzt innerlich erschöpft und körperlich müde und hungrig, so daß er übersteigert reagierte und dachte, er sei der einzige, der noch die Sache des Herrn vertrat. Schauen Sie, wie er versorgt wurde: Der Engel gab ihm gesunde Nahrung und Wasser und befahl ihm, zu schlafen. Erst dann war er bereit, auf Anweisungen für den nächsten Schritt zu hören.

Planen Sie die Zeit, die Sie mit den Schwiegereltern verbringen

Don und ich wohnten von meinen und seinen Eltern gleich weit entfernt, so geschah es selten, daß sie unerwartet aufkreuzten. Aber wir hatten bereits beschlossen, regelmäßig mit ihnen in Kontakt zu treten, so daß sie uns nicht darum bitten müssen. (Keiner von uns hätte sich bei einem ständigen „Du rufst nie an; du schreibst nie" wohl gefühlt.) Und es funktionierte! Da sie wußten, daß wir jeden zweiten Sonntag bei ihnen sein würden oder daß sie bei uns eingeladen werden, bedrängten sie uns nicht. Wenn Ihre Schwiegereltern in derselben Stadt wohnen, müssen Sie frühzeitig liebevoll Grenzen setzen.

Seien Sie nicht auf Schwierigkeiten aus

Denken Sie daran, wenn Sie das Schlimmste erwarten, bekommen Sie das Schlimmste. Lassen Sie manches doch einfach über sich ergehen. Als Marlene und Kirk in eine größere Wohnung umzogen, kam ihr Vater, angeblich, um beim Umzug zu helfen. Statt dessen schimpfte er sie vor den Möbelpackern, weil das Bettgestell staubig war. Marlene stammelte eine Entschuldigung, daß sie während des Umzugs nicht dazugekommen sei, sagte aber auch, daß sie geplant habe, alle Möbel zu polieren, sobald sie in der neuen Wohnung aufgestellt seien.

Inzwischen war ihr Mann darüber wütend, daß der Vater seine erwachsene Tochter schimpfte. Dieser Zwischenfall hätte zu einer recht unerquicklichen Situation führen können; es blieb aber bei einer Verärgerung, weil sie stark genug waren, die Bemerkung mit einem Achselzucken abzutun. Außerdem kam es nicht ein zweites Mal vor. Wenn der Vater es sich allerdings zur Gewohnheit gemacht hätte, seine Tochter zu tadeln, hätte Kirk ihn ruhig beiseite nehmen und ihn daran erinnern müssen, daß Marlene eine erwachsene Frau ist und daß das, was sie tut, kein schlechtes Licht mehr auf ihn wirft.

Denken Sie daran, Jesus versprach uns seine Kraft, seinen Frieden, seine Entschlossenheit, seine Gegenwart – und Schwierigkeiten. Aber sogar wenn er uns Schwierigkeiten verheißt, verspricht er, bei uns zu sein: „In der Welt habt ihr Angst, aber seid getrost, ich habe die Welt überwunden“ (Joh. 16,33).

Verlangen Sie nicht von Ihrem Mann, sich zwischen Ihnen und seiner Mutter zu entscheiden

Eine meiner Kusinen machte aus jedem Besuch bei ihren Schwiegereltern ein Drama. Auf dem ganzen Heimweg analysierte sie laut jedes Wort und jeden Blick ihrer Schwiegereltern an jenem Tag, sehr zum Überdruß ihres Mannes. Er hatte immer den Eindruck, daß sie ihn in einen nichtvorhandenen Streit hereinzog – wohl kaum die Grundlage für zärtliche Gefühle. Besonders Frauen müssen in dieser Hinsicht vorsichtig sein.

Der richtige Blickwinkel

Unser Standpunkt beeinflußt, wie wir die Dinge sehen. Vor Jahren las ich im Readers Digest einen Bericht über einen Touristen in den Südstaaten, der mit dem Auto durch das Land fuhr und einen Mann sah, der auf einem Holzstuhl saß, von dem aus er sich herunterbeugte und Unkraut jätete. Der Fahrer lachte in sich hinein und schüttelte den Kopf in der Überzeugung, daß das Klischee vom faulen Südstaatler doch stimmte. Er fuhr um eine Kurve und schaute dann zurück, um noch einmal über diesen Gärtner zu lachen. Erst von diesem Blickwinkel aus bemerkte er die Krücken, die an den Stuhl gelehnt waren. Der Mann war also gar nicht faul, sondern einer, der entschlossen war, nicht aufzugeben. Wieviel doch ein neuer Blickwinkel ausmacht.

Wie wäre es, die Situation mit den Augen der Schwiegereltern zu betrachten? Pamela erzählt, daß sie von dem Tag an, an dem ihr kleiner Sohn in der ersten Klasse in seine Lehrerin vernarrt war, verstand, was ihre Schwiegermutter fühlen mußte, als eine wildfremde Frau ihren Platz im Herzen ihres Sohnes einnahm. Dieser neue Blickwinkel stärkte die Beziehung zwischen den beiden Frauen.

Suchen Sie nach Dingen, die Sie ehrlich loben können

Denken Sie daran, daß Kritik zerstört, während Ermutigung aufbaut. Patricia beschloß, ihre kritische Schwiegermutter liebenswürdig zu behandeln, und so versuchte sie, jedes Mal mindestens zwei Dinge zu finden, wegen derer sie ihr ein Kompliment machen konnte. Eines Vormittags umarmte sie die alte Dame spontan und sagte: „Du hast einen wunderbaren Sohn großgezogen. Danke!" Zu ihrem Erstaunen hörte sie von da an viel weniger spitze Bemerkungen.

Seien Sie ehrlich mit sich selbst

Familienberater sprechen von *vordergründigen* Problemen und *wirklichen* Problemen. Das vordergründige Problem scheint die Schranke zu sein, während das wirkliche Problem etwas viel Grundlegenderes ist.

Ich erinnere mich an einen Brief, den eine Schwiegermutter an die Ratgeberseite einer Zeitung schickte. Sie schrieb: „Meine Schwiegertochter versorgt meinen Sohn und meine Enkel gut, aber es geht mir auf die Nerven, daß sie nicht die Seife aus dem Spüllappen herausspült und ihn zum Trocknen aufhängt. Sie wirft ihn einfach in eine Ecke des Spülbeckens, und da bleibt er liegen. Wie kann ich sie dazu bringen, daß sie dies ändert?"

Die Antwort des Ratgebers gefällt mir: „Das einzige, was sie falsch macht, ist, daß sie den Spüllappen im Spülbecken liegen läßt? Was haben Sie *wirklich* auszusetzen?"

Wenn Sie dauernd über eine verhältnismäßig unbedeutende, aber lästige Gewohnheit Ihrer angeheirateten Verwandten klagen, dann fragen Sie sich, wo das wirkliche Problem liegt.

Machen Sie unerwartete Geschenke

Befolgen Sie diesen Rat, und zwar so schnell wie möglich! An Dons dreißigstem Geburtstag schickte ich seiner Mutter dreißig rote Rosen mit einer kleinen Karte, auf der stand: „Ich bin so froh, daß du heute vor dreißig Jahren einen kleinen Jungen bekommen hast."

Danach stellte sie mich immer als „meine Schwiegertochter, die mir die Rosen schickte" vor.

Alle ihre Bekannten hatten von meinem phantasievollen Geschenk gehört!

Ehren Sie Ihre Schwiegereltern

In 2. Mose 20,12 steht: „Du sollst deinen Vater und deine Mutter ehren, auf daß du lange lebest in dem Lande, das dir der Herr, dein Gott geben wird.“

Ehren bedeutet nicht, daß Sie sich von ihnen herumkommandieren lassen, daß sie sich in Ihre persönlichen Geldangelegenheiten einmischen dürfen, daß sie das Recht haben, Ihren Kindern zu sagen, sich die Haare schneiden zu lassen oder bei jedem Besuch Ihre Schränke umzuräumen. Das Ehren ihrer Stellung ist damit gemeint. Wenn ein Kind erwachsen ist, ist es wichtig, eine neue Beziehung aufzubauen, mehr eine Beziehung zwischen zwei Freunden als eine Eltern-Kind-Beziehung.

Unser Ziel ist gegenseitige Achtung und Freundschaft.

Vergessen Sie nicht, daß Sie der oder die Erziehungsberechtigte sind

Als Karin Witwe wurde, beklagte sich ihr Schwiegervater darüber, daß sie die beiden Kinder weiterhin in eine christliche Schule schickte und sie, wie er sagte, „vom wirklichen Leben abschirmte“.

Sie wollte ihm sagen, er solle sich nicht in ihre Angelegenheiten einmischen, aber statt dessen beantwortete sie in Ruhe seine Vorhaltungen, genau wie Hanna in 1. Samuel 1,15, als der Priester Eli sie beschuldigte, betrunken zu sein.

„Ich weiß, daß du dir als liebender Großvater Sorgen machst“, sagte sie. „Aber ich bin es, die vor Gott steht und Rechenschaft darüber abgeben muß, wie meine Kinder erzogen werden. Zur Zeit bin ich davon überzeugt, es ist das Beste, wenn sie da bleiben, wo sie sind.“

Besuchen Sie gemeinsam andere Verwandte

Das muß ich Don wirklich hoch anrechnen. An einem Erntedankfest war er damit einverstanden, daß wir meine Verwandten in Kentucky besuchten, aber er bestand darauf, meine Eltern mitzunehmen. Wir erlebten unglaublich viel Freude in dieser Zeit. Mein Vater saß auf dem Beifahrersitz und erzählte auf der ganzen Fahrt Geschichten. In der Nähe von Corbin, Kentucky, zeigte er uns die Stelle, von der aus er als 23jähriger Unteroffizier Ende 1944 per Anhalter nach Hause fahren wollte. Er war aus einem Auto, das ihn ein Stück weit mitgenommen hatte, ausgestiegen und auf einen schattigen Baum zugeschlendert, unter dem er auf das nächste Auto warten wollte, das ihn näher nach Harlan bringen würde, wo meine Mutter bei ihren Eltern, meinem geliebten Papa und Mama Farley, wohnte.

Als er näher an den Baum herankam, sah er, daß ein Matrose bereits wartete. Das gefiel meinem Vater; so konnte er mit jemandem sprechen, während beide auf ein Auto warteten. Da der andere Mann als erster unter dem Baum war, galt das ungeschriebene Gesetz, daß dieser auch als erster fahren konnte.

Aber als mein Vater sich dem Matrosen näherte, erkannte er seinen eigenen Schwager, Hurlen Farley, der auch auf Urlaub war! Vater stieß einen Freudenschrei aus, rannte auf ihn zu und ergriff Onkel Hurlens Hand. Sie klopften sich beide auf den Rücken und staunten über den Zufall, sich so zu treffen. Onkel Hurlen wollte nicht ohne meinen Vater in ein Auto einsteigen, und so kamen sie gemeinsam in Harlan an und bereiteten der Familie eine doppelte Überraschung.

Immer wieder fuhren wir an Orten vorbei, die Erinnerungen in Vater wachriefen, und so hörten wir eine Geschichte nach der anderen. Und ich hätte diese ganze Familiengeschichte versäumt, wenn Don meine Eltern nicht mit in Urlaub genommen hätte.

Pflegen Sie die Familienbande

Dons Vater, der sechs Monate nach dem Tod seiner Frau wieder geheiratet hatte, wußte nach Dons Tod nicht, wie er sich mir gegenüber verhalten sollte. Als er das erste Mal anrufen mußte, stellte sich der Mann, den ich über sechzehn Jahr lang Papa genannt hatte, mit Bill vor. Ich wollte mich nicht so schnell beiseite schieben lassen, deshalb antwortete ich schnell: „Papa! Wie schön, daß du anrufst."

Er mußte noch mit anderen Dingen kämpfen. Wegen seiner eigenen sehr strengen Erziehung als Kind, hatte er Schwierigkeiten, den Menschen in seiner Umgebung, ja sogar seinen eigenen Söhnen und Enkeln, seine Liebe in Worten auszudrücken. Ich erinnere mich, als die Kinder und ich eines Tages zu Besuch zu ihm kamen. Bevor wir gingen, schlug ich vor, gemeinsam zu beten und uns an den Händen zu halten. Nach meinem Amen umarmte ich Dons Vater und sagte: „Ich liebe dich, Papa. Wirklich." Er antwortete nicht.

Dann umarmten Jay und Holly ihn und sagten beide: „Ich liebe dich, Opa." Aber auch sie bekamen nur Schweigen als Antwort. Ich war verdutzt, ließ das Schweigen stehen, und wir stiegen alle drei in unser Auto und fuhren nach Hause. Ich erklärte Jay und Holly, daß es nicht ihre Schuld war, daß ihr Großvater nicht geantwortet hatte, sondern daß etwas aus seiner eigenen Kindheit ihn daran hinderte, die erwarteten Worte zu sagen. Dann beschloß ich trotzig, die Herausforderung anzunehmen, denn ich wollte nicht nur das Richtige tun, ich wollte auch sehen, nach wie langer Zeit es mir gelingen würde, jene Worte aus ihm herauszubekommen.

Ich rief ihn jeden Samstag an und gab ihm einen kurzen Bericht über unser Leben in New York und ließ ihn mit den Kindern sprechen. Allmählich bekam ich etwas mehr als Schweigen aus ihm heraus, wenn ich mich mit einem schnellen „Ich liebe dich, Papa" verabschiedete. Manchmal hörte ich „Das ist lieb" und einmal –

o Wunder – murmelte er sogar „Ich auch“, bevor er auflegte. Lange nachdem die Leitung unterbrochen war, saß ich immer noch lächelnd da!

Aber das wirkliche Geschenk kam, als wir ihn am Heiligen Abend 1988 anriefen. Ich verabschiedete mich wie immer mit „Ich liebe dich“, und zu meinem großen Erstaunen antwortete er: „Ich liebe dich auch“, bevor er auflegte. Jay und Holly, die von den Nebenanschlüssen mitgehört hatten, kamen angerannt. „Mama! Er hat es gesagt! Er hat es endlich gesagt!“ Und alle drei feierten wir es mit einer riesigen Umarmung.

Das beste Beispiel

Schwiegermutterwitze verdeutlichen oft die schwierige Beziehung zwischen Schwiegermutter und Schwiegersohn. Doch Familienexperten berichten, daß die schwierigste Beziehung in Wirklichkeit die zwischen Schwiegermutter und Schwiegertochter ist.

Das Buch Ruth beschreibt die unglaubliche Beziehung zwischen zwei Frauen, die ungewollt in dieser Weise miteinander verbunden waren. Beide waren verwitwet, und die Schwiegermutter Naemi beschloß, in ihre Heimatstadt Bethlehem in Juda zurückzukehren.

Ihre beiden verwitweten Schwiegertöchter brachen mit ihr auf, aber als sie an die Grenze kamen, versuchte Naemi, sie zurückzuschicken, und sagte, daß sie ihnen nichts bieten könne. Orpa kehrte um, aber Ruth blieb und sagte die Worte, die in den 70er Jahren oft bei Trauungen gesprochen wurden: „Wo du hingehst, da will ich auch hingehen; wo du bleibst, da bleibe ich auch. Dein Volk ist mein Volk, und dein Gott ist mein Gott. Wo du stirbst, da sterbe ich auch, da will ich auch begraben werden. Der Herr tue mir dies und das, nur der Tod wird mich und dich scheiden!“ (Ruth 1,16-17).

Überlegen Sie einmal! Diese Worte der Liebe sagte eine Schwiegertochter zu ihrer Schwiegermutter! Und Sie erinnern sich an die unglaubliche Geschichte, wie Naemi Ruth in die Gebräuche ihrer neuen Kultur einwies und die Liebesbeziehung zwischen ihr und einem von Naemis weitläufigen Verwandten förderte. Beide Frauen hatten wegen ihrer guten Beziehung Vorteile. Naemi bekam das Land ihrer Familie und Sicherheit zurück und konnte sich über den Enkel, der aus der jungen Ehe hervorging, freuen, und Ruth erwarb einen Platz im Stammbaum des Herrn.

Viele von uns können aus dieser Geschichte etwas lernen, besonders, wenn wir versucht sind, die frustrierende Arbeit an einer Beziehung mit schwierigen Angehörigen am liebsten aufzugeben. (Natürlich sind wir nie schwierig, oder?) Noch eine letzte Bemerkung. Denken Sie an das alte Sprichwort, das uns ermahnt, unsere Zunge zu hüten: „Mit Honig fängt man mehr Fliegen als mit Essig."

Merken Sie sich:

1. *Wenn man die Ehe eingeht, heiratet man die ganze Familie und nicht nur einen einzigen Menschen.*

2. *Wenn man im Verhältnis zu der angeheirateten Verwandtschaft auf das Schlimmste gefaßt ist, bekommt man auch das Schlimmste.*

3. *Versuchen Sie, Ihre angeheiratete Verwandtschaft unter einem neuen Blickwinkel zu sehen.*

4. *Lassen Sie den Herrn in Ihre Beziehung zu Ihrer angeheirateten Verwandtschaft herein.*

5. *Achten Sie auf Ihre Worte. Für die bissigen Worte, die man nicht sagt, muß man nicht um Verzeihung bitten.*

6. *Verlangen Sie nicht von Ihrem Mann, sich zwischen Ihnen und seiner Mutter zu entscheiden.*

7. *Verbringen Sie Zeit mit Ihren Schwiegereltern. Wenn sie wissen, daß sie regelmäßig mit Ihnen zusammenkommen, werden sie weniger in Sie dringen.*

8. *Suchen Sie nach Dingen, die Sie ehrlich loben können.*

9. *Machen Sie unerwartete Geschenke.*

10. *Denken Sie daran: „Mit Honig fängt man mehr Fliegen als mit Essig."*

Fragen zur Diskussion

1. *Hatten Sie Überraschungen mit Ihrer angeheirateten Verwandtschaft, als Sie heirateten?*

2. *Was war der größte Segen in Ihrer Beziehung mit Ihren Schwiegerleuten?*

3. *Worin lagen (oder liegen) Ihre größten Herausforderungen in Ihrer Beziehung zu Ihren Schwiegerleuten?*

4. *Wie gingen (oder gehen) Sie mit diesen Schwierigkeiten um?*

5. *Welchen Rat würden Sie anderen Ehepaaren geben, die versuchen, die Ehrerbietung den Eltern gegenüber mit persönlicher Eigenständigkeit in Einklang zu bringen?*

12.

Jeder Zirkus braucht einen Direktor

KAPITEL 12

Bernd, ein junger Ehemann, verkaufte vor kurzem seinen Drittelanteil an einem Multimediageschäft. Das Geschäft hatte einen guten Ruf in der Stadt und schien erfolgreich zu sein. Deshalb war ich über den Verkauf erstaunt. Da ich Bernd seit seiner Kindheit kannte, wagte ich es, ihn nach dem Grund für seine Entscheidung zu fragen.

Bernd zuckte mit den Achseln. „Gleichberechtigte Partnerschaft klingt in der Theorie gut, aber in der Praxis muß jemand den Laden schmeißen. Jeder Zirkus braucht einen Direktor."

Seine einfache Erklärung erinnerte mich an den Kampf, den ich allzu oft in Ehen erlebe. Gemeinsame Leitung klingt in der Theorie gut, aber in der Praxis muß einer die Verantwortung übernehmen.

Ein heißes Thema

Dieses Kapitel entfachte, schon bevor es fertig war, unter meinen Bekannten Streit. Letzten Herbst, nachdem ich in Dallas gesprochen hatte, fuhr ich mit Freunden zum Flughafen. Als wir am Fußballstadion vorbeifuhren, in dem die Veranstaltung der *Promise Keepers* („Männer, die Wort halten") stattgefunden hatte, sagte ich: „Ich möchte einmal fünf Minuten am Rednerpult bei den ‚Promise Keepers' stehen und 65.000 Männern sagen, daß sogar eine zielbewußte Frau wie ich sich einem Mann unterordnet, der betet und ernsthaft nach dem Willen des Herrn fragt."

Eine meiner Bekannten stürzte sich auf dieses Argument und sagte, daß Unterordnung heutzutage kein Thema sei.

„Ich glaube, Gottes Grundsätze dienen unserem Wohl", beharrte ich. „Und wenn er beschloß, daß Frauen sich ihren Männern unterordnen sollen, dann soll es so sein. Unterordnung ist nicht die Pflicht eines Dieners, sondern wie ein schützender Schirm. Aber ich möchte sagen, daß der Teil der Frau zu sehr betont wurde und die Verantwortung des Mannes, mit der Liebe Christi zu lieben, nicht genug."

Sie fauchte, daß es kein Problem gebe, wenn beide Partner beten. Ich fragte mich, warum sie sich so aufregte, wollte aber nicht fragen. „Nun, in der Theorie klingt das gut", sagte ich. Aber in Wirklichkeit gibt es in der Ehe oft Zeiten, in denen auch gottesfürchtige Ehepaare nicht einer Meinung sind. Wenn es zu einer Pattsituation kommt, muß jemand nachgeben. Wenn Ehepaare abwechselnd die Entscheidung treffen, ist das in Ordnung. Aber wie ist es, wenn man zu keiner Einigung kommt?

Sie beschuldigte mich, einen *Standpunkt* zu haben. Ich konnte es nicht glauben. Ich bin daran gewohnt, daß mir mein Standpunkt vorgeworfen wird, weil ich mich nicht jedem Mann unterordne, der durch mein Büro schlendert, aber nicht weil ich mich an das Wort Gottes halte. Schließlich wechselten wir das Thema, um unserer Freundschaft und meiner Fahrt zum Flughafen willen.

Solch hitzige Diskussionen ließen mich daran zweifeln, ob ich dieses Kapitel überhaupt schreiben soll. Aber wenn ich ehrlich über das Thema schreibe, also über das, was ich als frischgebackene Ehefrau gerne gewußt hätte, dann gehört dieses Kapitel auch dazu. Schließlich hatte ich keinen Begriff von biblischer Unterordnung, als Don und ich uns öffentlich unsere Liebe gelobten. Ich dachte, Unterordnung bedeutet, ein Fußabstreifer zu sein, der sich alles gefallen läßt. (Ich bin dankbar, daß Don das nicht von mir verlangte. Er schien überhaupt nicht darüber frustriert zu sein, daß ich nicht der „Fußabstreifer"-Typ war!) Im Lauf der Jahre gewannen Don und ich ein größeres Verständnis dafür, wozu uns der Herr aufruft. Ich lernte, daß eine Frau nicht passiv dasitzen und zusehen soll, wie ihr Mann auf ihr herumtrampelt, sondern daß sie sich *aktiv dafür entscheiden* soll, ihren Mann die Verantwortung als Diener und Führer übernehmen zu lassen.

Auch heute noch

Natürlich ist es leicht zu sagen: „Aber wir leben am Ende des zwanzigsten Jahrhunderts! Jetzt ist alles anders." Vielleicht. Und ich glaube auch, daß es wichtig ist, daß Ehepartner wirklich Partner sind und gemeinsam Entscheidungen treffen. Nach vielen Diskussionen und Gebeten wird meistens eine Einigung erzielt, aber es können Situationen auftreten, wenn das Ehepaar immer noch uneins ist und jemand die Entscheidung treffen muß. Dann soll die Frau sich dem Mann als dem geistlichen Oberhaupt der Familie unterordnen.

Wenn Sie jetzt das Buch noch nicht durchs Zimmer geworfen haben, kann ich betonen, daß ich nicht davon spreche, schüchtern oder ein Fußabstreifer zu sein, sondern von der Entscheidung, der Autorität Ihres Mannes nachzugeben. Unterordnung ist eine auf Stärke und nicht auf Schwäche gegründete Tat.

Diese Sicht der Rolle der Frau wird, glaube ich, von der Weise bestätigt, wie Jesus Frauen behandelte. Er erhob Frauen in einer Kultur, in der sie wie Eigentum behandelt wurden. Er war freundlich zu ihnen, sah die Bedürfnisse ihres Herzens, verteidigte sie in einer von Männern beherrschten Gesellschaft und ehrte sie, indem er nach seiner Auferstehung einer Frau begegnete. Es liegt auf der Hand, daß er Frauen nicht für Menschen zweiter Klasse hielt.

Vor kurzem sprach ich mit einem Bekannten. Er erklärte die Verantwortung des Mannes so: Wenn ein Ehepaar zu keiner Einigung kommt, muß der Mann seine gottgegebene Verantwortung auf sich nehmen und die Pattsituation überwinden. Aber er muß bei seiner Entscheidung das Beste der Frau im Auge haben.

Wahre Unterordnung

Nehmen wir uns etwas Zeit und betrachten wir die Bibelstelle, die zu so vielen Diskussionen Anlaß gibt. Sagt man nicht, daß ein Teil der Schrift mehr Presse bekommt als ein anderer? Ich wünschte, mehr Gemeinden betonten Epheser 5,21: „Ordnet euch einander unter in der Furcht Christi" – aber zu oft wird nur Epheser 5,22-23 hervorgehoben, in dem steht:

> „Ihr Frauen, ordnet euch euren Männern unter wie dem Herrn. Denn der Mann ist das Haupt der Frau, wie auch Christus das Haupt der Gemeinde ist, die er als seinen Leib erlöst hat. Aber wie nun die Gemeinde sich Christus unterordnet, so sollen sich auch die Frauen ihren Männern unterordnen in allen Dingen.
>
> Ihr Männer, liebt eure Frauen, wie auch Christus die Gemeinde geliebt hat und hat sich selbst für sie dahingegeben, um sie zu heiligen. Er hat sie gereinigt durch das Wasserbad im Wort, damit er sie vor sich stelle als eine Gemeinde, die herrlich sei und keinen Flecken oder Runzel oder etwas dergleichen habe, sondern die heilig und untadelig sei. So sollen auch die Männer ihre Frauen lieben wie ihren eigenen Leib. Wer seine Frau liebt, der liebt sich selbst. Denn niemand hat je sein eigenes Fleisch gehaßt; sondern er nährt und pflegt es, wie auch Christus die Gemeinde. Denn wir sind Glieder seines Leibes".
>
> Die Bibel sagt: „Darum wird ein Mann Vater und Mutter verlassen und an seiner Frau hängen, und die zwei werden ein Fleisch sein."

> Dies Geheimnis ist groß; ich deute es aber auf Christus und die Gemeinde. Darum auch ihr: ein jeder habe lieb seine Frau wie sich selbst; die Frau aber ehre den Mann.

Ich fügte den ganzen Abschnitt ein, denn ich habe es satt, wie ich meiner Bekannten in Dallas sagte, daß zwei Stellen aus dem Zusammenhang gerissen und überbeansprucht werden: *Frauen ordnen sich unter und Männer lieben.*

Als Jugendliche besuchte ich Kirchen, in denen ein Pastor eine halbe Stunde lang über die Pflicht der Frau, sich unterzuordnen, und zwar unter alles, sprechen konnte. Und seine Gemeinde, meistens Frauen, deren Ehemänner zu Hause den Rausch der letzten Nacht ausschliefen, saugten seine Worte regelrecht ein und beschlossen, daß sie „mit Gottes Hilfe“ die Situation akzeptieren können, anstatt nach Hilfe zu suchen.

Dieselben Pastoren predigten dann knappe zwei Minuten über die Rolle des Mannes, seine Frau so zu lieben, wie Christus die Gemeinde liebt. Ich erinnere mich an einen Prediger, der sich an dieser Stelle nach vorne beugte und sagte: „Das bedeutet, daß Sie bereit sind, für sie zu sterben“, und das war's. Keine Erklärung über das Opfer und die Selbstlosigkeit Christi und was es wirklich bedeuten würde, seinem Beispiel zu folgen. Die Männer konnten sich entspannt zurücklehnen und denken: *Ja, ich war im Krieg. Ich weiß, wie ich meine Frau schützen muß.*

Vor kurzem hatte ich eine tiefschürfende Diskussion über Unterordnung mit meinem Friseur, als wir meine Haarfarbe einwirken lassen mußten. (Es ist für Frauen leicht, mit ihrem Friseur zu sprechen, schließlich sieht er uns in unserem schlimmsten Zustand!) Michael, ein treuer Ehemann und Vater, glaubt, daß Männer bereit sein müssen, alles niederzulegen, was wichtig ist, wenn sie die Rolle des Dieners und Führers übernehmen. „Das Prinzip, unsere Frau so zu lieben, wie Christus die Gemeinde liebt, ist der Werkzeugkasten, der uns zeigt, wie wir unsere Frau lieben sollten, aber man bekommt das nicht billig. Es bedeutet, daß das Selbst jeden Tag sterben muß.“

Das Selbst muß *täglich* sterben. Es bedeutet, seine eigenen Wünsche und manchmal auch Bedürfnisse beiseitezustellen, um seine Frau zu lieben und für sie zu sorgen, wie Christus es für die Gemeinde tat. Auf das Wohl der Frau bedacht sein und dieses Bedürfnis unserem himmlischen Vater vorbringen. Nun, das macht die Rolle der Frau, die Unterordnung, leicht.

Auf Bestätigung warten

Kluge Ehemänner wissen, daß die Unterordnung besser funktioniert, wenn sie bei einer Entscheidung die Frau um ihre Meinung bitten. Gerald sagt, daß er nur mit Patsys Ja zu einem bestimmten Plan weitere Schritte unternimmt. Und glauben Sie mir, er ist kein „Pantoffelheld". Er sagt, daß er aus bitterer Erfahrung lernte, daß der Herr seinen Plan nicht segnete, wenn er versuchte, etwas ohne Patsys Bestätigung durchzusetzen, weil die Einheit fehlte.

Oft sagt er: „Patsy kann vielleicht keinen Grund für ihre Ablehnung angeben. Aber sie weiß es einfach. Es wäre mir lieber, wenn sie mir genau sagen würde, warum etwas nicht geht, aber wenn sie das nicht kann, dann ist es immer noch besser, wenn ich auf sie höre. Am Anfang unserer Ehe nahm ich einen Kredit auf, um Aktien zu kaufen, die stiegen. Die Firma hatte vor kurzem einen Staatsauftrag bekommen, deshalb war ich davon überzeugt, daß die Aktien nur noch weiter steigen können.

Nun, dann wurde der Direktor wegen Betrugs angeklagt, und die Aktien fielen so schnell, daß ich sie nicht rechtzeitig verkaufen konnte und meine ganze Investition verlor. Dann mußte ich noch das Geld zurückzahlen, das ich aufgenommen hatte, um die Aktien erst einmal zu kaufen. Es hat lange gedauert, bis wir uns von diesem Fehler erholten, aber ich rechne es Patsy hoch an, daß sie nicht ein einziges Mal sagte: «Ich habe es dir gesagt.» Ich bin sicher, ich wäre nicht so gnädig gewesen, wenn sie einen solchen Fehler gemacht hätte. Glauben Sie, seither warte ich vor einer größeren Entscheidung lieber auf ihre Bestätigung.

Einige Jahre später hatte ich die Gelegenheit, ein Stück Land im Norden der Stadt zu kaufen, genau die Gegend, in die viele Leute zogen, aber Patsy hatte ein ungutes Gefühl dabei. Wir beteten darüber. Die Lage war herrlich, und ich wußte einfach, daß der Herr uns das Grundstück geben möchte. Doch Patsy weigerte sich, mir die nötige Bestätigung zu geben. Ich war versucht, die Initiative zu ergreifen und es zu kaufen – in der Art, He, ich bin der Mann im Haus' -, aber ich erinnerte mich an jene Aktien vor Jahren, bei denen man ganz sicher nichts verlieren konnte. Ich kaufte das Anwesen nicht, aber ich bereitete schon meine ‚Siehst du, ich habe es dir gesagt' – Rede für später vor."

Er schüttelte den Kopf. „Das Anwesen fand schnell einen Käufer, aber kurze Zeit später war es wieder zum Verkauf ausgeschrieben, für 40.000 Mark mehr. Mir lief es heiß den Rücken hinunter, und ich dachte daran, welch gutes Geschäft ich machen könnte, aber der Kaufinteressent verlangte eine Umweltprüfung, bevor er den Vertrag unterzeichnete. Die Bodenproben ergaben, daß das Gebiet vor Jahren als illegale chemische Müllkippe benutzt worden war. Dadurch war das Anwesen praktisch nutzlos geworden!

„Der Kaufinteressent zog sich schnell zurück", fügte er an. „Der erste Käufer hatte jetzt nur noch zwei Möglichkeiten: Das Land aufgeben und den Kaufpreis verlieren oder das Anwesen zu sanieren, was so teuer käme, daß er erst nach Jahren seinen ursprünglichen Kaufpreis wiedereinbringen könnte. Huch! Der Mann tut mir wirklich leid, weil ich weiß, daß ich leicht an seiner Stelle hätte sein können, wenn ich nicht geistlich reif genug gewesen wäre, auf Patsys Bestätigung zu warten."

Und wenn Gerald vorwärtsgestürmt und das Anwesen ohne Patsys Einverständnis gekauft hätte? Ich bin davon überzeugt, solange es nicht unmoralisch oder gesetzeswidrig gewesen wäre, hätte sie sich der Autorität ihres Mannes unterordnen und dabei die ganze Zeit beten müssen, daß der Herr es ihr zeigen solle, wenn sie unrecht hat, und daß der Herr sie vor einem Unglück bewahren möchte, wenn sie recht hat. Manchmal läßt es der Herr zu, daß ein falscher Schritt getan wird – damit sein Wille geschieht.

Eine frühe Lektion

1927 standen meine geliebten Großeltern, Papa und Mama Farley, vor einer ähnlichen Herausforderung. Mein kleiner sanfter, irischer Großvater, beschloß, eine Farm in Indiana zu kaufen, obwohl meine Großmutter dabei ein schlechtes Gefühl hatte. Sie beteten darüber, Mama teilte ihre Befürchtungen mit, aber Papa beschloß, daß der Umzug stattfinden würde.

Mama war eine sehr starke Frau, also schlugen einige wohlmeinende Verwandte vor, sie solle mit dem Fuß aufstampfen und darauf bestehen, in Kentucky zu bleiben.

Aber Mama schüttelte den Kopf und sagte: „Das muß er entscheiden. Wenn wir nicht gehen, wird er sich immer Fragen stellen. So wenigstens, weiß er es.“ Und dann packte sie heiter den ganzen Haushalt und die acht Kinder zusammen und brach wie eine Pioniersfrau zu grüneren Weiden und besserem Farmland auf.

Keiner der Verwandten fand Einzelheiten heraus, aber als Mama Papa bat, das Klavier auszupacken, schaute er an ihr vorbei auf die Felder hinter der Terrasse und sagte ruhig: „Das ist nicht nötig. Wir werden nicht hierbleiben.“

Ein paar Monate danach waren sie in Kentucky zurück, und Papa sagte, daß er nie wieder fortgehen werde. Er war immer noch für den Rest ihres gemeinsamen Lebens wirklich das Familienoberhaupt, aber er vertraute offener auf Mamas Einsicht und wartete auf ihre Bestätigung, bevor er eine größere Entscheidung durchsetzte.

Vor kurzem benutzte ich diesen Zwischenfall als Ermutigung, als eine meiner jungen Freundinnen entschlossen war, nicht mit ihrem Mann, der ein Geschäft auf dem Fremdenverkehrssektor kaufen wollte, in einen anderen Staat zu ziehen. Wir Frauen sind sicherheitsorientiert, und wir brauchen einfach unser Nest um uns herum. Ich verstehe das nur allzu gut, aber die Unnachgiebigkeit meiner Freundin und ihre Weigerung, umzuziehen, schuf solche Spannungen zwischen ihr und ihrem Mann, daß sie auf jeden Fall die Verliererin sein würde: Wenn sie umzog, mußte sie das Haus aufgeben, das sie so liebte und so nett hergerichtet hatte. Aber wenn sie nicht umzog, würde sie ihren Mann verlieren.

Bei unseren Spaziergängen in der Mittagspause hatte sie schon viele Geschichten über meine Großmutter gehört, so kramte ich die Geschichte von dem Umzug nach Indiana hervor und schloß: „Es ist so, wie Mama sagte: ‚Das ist etwas, was er entscheiden muß.' Wenn du nicht gehst, wird er es dir immer übelnehmen, daß du ihn von seinem Traum abgehalten hast. Und wenn der Plan fehlschlägt, ist es nicht *deine* Schuld. Du wirst so oder so etwas verlieren. Ich denke, es ist besser, ein geliebtes Haus als einen geliebten Mann zu verlieren. Ich kann es dir nicht empfehlen, alleinerziehende Mutter zu werden."

So zogen sie um, und es war nicht leicht, sich in der neuen Umgebung einzuleben, aber ihm gefällt es sehr und er ist so glücklich, wie sie ihn seit Jahren nicht gesehen hat. Sie gibt zu, daß das wichtig ist. Und sie lebt sich auch ein, und entdeckt, daß man auch außerhalb Colorados leben kann.

Das Vorbild des Ehemannes im Leben nach Gottes Willen

Ein anderer wichtiger Bestandteil der Mischung aus Unterordnung und Liebe ist ein Ehemann, der durch sein Leben nach Gottes Willen ein Vorbild ist.

An einem Samstagmorgen erhielt Don einen Anruf, daß eine Familie eine Matratze bräuchte. Sie hatten das Bettgestell und den Rost, aber könnten wir mit einer Matratze aushelfen?

Das konnten wir. Wir hatten eben erst unser altes Gästebett zerlegt und an seine Stelle eine Wiege für unsere neugeborene Tochter Holly aufgestellt. Auf der alten weißen Matratze mit den großen blauen Blumen war nur zweimal geschlafen worden, und sie war jetzt unter Decken im Keller verstaut. Natürlich würden wir sie hergeben.

Don rief die Familie an und sagte ihnen, daß er und ein Freund am Nachmittag die Matratze bringen würden. Sie vereinbarten drei Uhr.

Aber als Don und John punkt drei Uhr ankamen, machte niemand die Tür auf, als sie klopften. Gerade, als sie wieder ins Auto steigen wollten, kam ein Nachbar angerannt.

„Sie sind weggegangen, aber sie baten mich, auf Sie zu warten. Ich habe einen Schlüssel; sie können die Matratze durch die Seitentür hereinbringen."

So zogen Don und John die Matratze aus dem Auto und schleppten sie ins Haus.

Der Geruch von Katzenurin und angebranntem Essen schlug ihnen entgegen, als sie die Tür öffneten. Der Nachbar deutete an eine schmutzige Wand in der Nähe und sagte: „Sie sagten, sie können sie hierlassen. Sie kümmern sich später darum."

Don schaute auf den Dreck, und widersprüchliche Gedanken schwirrten durch seinen Kopf. *Wie undankbar sind doch diese Leute, daß sie nicht einmal hierblieben, nachdem wir eine Zeit vereinbart hatten. Und jetzt wollen sie, daß ich meine fleckenlose Matratze an diese dreckige Wand anlehne.*

Dann sagte er in seinem Herzen: *Herr, ich kann diesen Leuten diese Matratze nicht geben.*

Er sagte später, daß es fast so war, als würde der Herr in diesem Augenblick antworten: „Dann gib sie *mir*", und er umgab Don mit einem unglaublichen Frieden, so daß er sogar den scharfen Gestank kaum mehr wahrnahm.

Don antwortete: *Gut, Herr. Diese Matratze gehört dir. Wenn du willst, daß deine Matratze an einem schmutzigen Ort steht, dann ist das wohl deine Sache.* Und er und John lehnten die Matratze an die Wand und gingen.

Als Don mir davon berichtete, wußte er nicht, daß ich mich noch nach so vielen Jahren daran erinnern würde. Diese Geschichte half mir, nach seinem Tod viele Dinge loszulassen, insbesondere als die Kinder und ich nach New York zogen, damit ich eine neue berufliche Laufbahn beginnen konnte – und wo ich auch einen Neuanfang mit dem Herrn machte. Ich nahm mir Don zum Vorbild; mitten im Kampf lebte er seinen Glauben. Und das zählt bei mir. Ich nehme es mir nicht sehr zu Herzen, wenn Leute, die nie zu kämpfen hatten, zu mir sagen: „Gib es Jesus ab", wenn sie ihm nie etwas geben mußten – und ich spreche hier nicht nur von Matratzen. Unerprobte Tugend ist keine Tugend!

Don bewies auch unglaubliche Kraft während seiner Krebsbehandlungen. Wenn ich selbst jemals so etwas durchmachen muß, wird sein Vorbild mir dabei zur Seite stehen. Als er nach einer Besserung einen Rückfall erlitt, versuchten die Ärzte es mit einer Lumbalpunktion. Sie entnahmen Rückenmarkflüssigkeit und ersetzten sie mit derselben Menge eines Chemotherapeutikums. An jenem Abend wandte sich der Arzt von Don ab und schaute mich an. „Frau Aldrich, bitte warten Sie draußen", sagte er.

Ich schaute ihm entschlossen in die Augen. „Nein. Ich setze mich hier in diese Ecke. Und wenn Sie sehen, daß mein Kopf gesenkt ist, nehmen Sie keine Notiz davon. Ich werde nicht ohnmächtig; ich werde beten."

Ohne ein weiteres Wort wandte er sich wieder dem Bett zu. Dreißig Minuten lang betete ich still, als sie immer wieder versuchten, die Stelle zwischen den Wirbeln zu finden, in die die Nadel eingestochen werden mußte. Wegen einer schmerzhaften Gürtelrose, die Don während seiner Krebskrankheit bekommen hatte, konnte er nicht den Rücken krümmen, was die Sache erleichtert hätte. Jedesmal, wenn er leise stöhnte, krampfte sich mein Magen mehr zusammen. Schließlich stand ich auf und stellte mich vor die Ärzte hin. „Jetzt reicht es. Es wäre besser, wenn Sie mich jetzt helfen lassen. Sie haben ihn genug gequält."

Der Stationsarzt schaute den Assistenzarzt an. „Gut", sagte er. „Vielleicht können Sie ihn in die gekrümmte Lage ziehen. Seine Wirbelsäule ist für das richtige Einbringen der Nadel nicht genug gekrümmt."

Ich beugte mich herunter und küßte Dons schweißgebadete Wange. „Komm, Donnie. Dieses Mal schaffen wir es." Ich legte meinen rechten Arm um seine Schultern, meinen linken unter seine Knie. Die Beine gegen das Bett gestemmt zog ich aus Leibeskräften. „So ist es gut!" sagte der Arzt. „Halten Sie ihn so." Eine Ewigkeit lang bewegte sich keiner von uns. Jede Faser meiner Schultern schrie nach Erlösung. *Wenn ich mich nur ein bißchen bewegen könnte... Nein, noch ein paar Minuten.*

Mein Mund war nahe an Dons Ohr, und so flüsterte ich Gebete. „Danke, Herr, daß du bei uns bist. Danke dafür, daß du etwas Gutes aus dem hier machst."

Irgendwie gingen die Minuten vorüber, und ich durfte mich wieder aufrichten. Beide Ärzte nickten mir dankend zu. Anscheinend hatten sie es weitergesagt, denn bei künftigen Lumbalpunktionen warteten sogar die neuen Assistenzärzte, bis ich meine Stellung eingenommen hatte, bevor sie loslegten.

Ich sprach immer Gebete in sein Ohr, um uns von unseren Schmerzen abzulenken, aber einmal taten mir die Schultern so weh, daß ich aufhören und Luft schöpfen mußte. Da merkte ich, daß mein geliebter Schotte ganz leise sang: „Welch ein Freund ist unser Jesus, o wie hoch ist er erhöht! Er hat uns mit Gott versöhnet und vertritt uns im Gebet."

Ich versuchte, die Tränen zurückzuhalten. Aber ich wußte, er hatte mir ein weiteres Beispiel seiner Stärke in Gott gegeben. Also! Sich solch einem Mann unterzuordnen ist leicht.

Treffen Sie die Wahl

Als Jay, Holly und ich von New York nach Colorado zogen, hielten wir in Illinois an dem Gehöft von Abraham Lincolns Eltern. Die Arbeiter dort stellten Menschen dar, wie sie im neunzehnten Jahrhundert lebten. Es war ein heißer Augusttag, und die Frauen in ihren schweren Röcken holten das Essen, das sie in dem offenen Kamin gekocht hatten. Die Männer saßen bereits an einem großen Tisch, der unter einem schattigen Baum auf Sägeböcken aufgestellt war.

Ich betrachtete die Männer, die am Tisch saßen, während die Frauen in dieser heißen Küche die gußeisernen Töpfe von den Eisenhaken nahmen, dann zog ich die mir am nächsten stehende Frau mir: „Die Männer sitzen da draußen, und Sie machen all die Arbeit", sagte ich. „Ich weiß nicht, ob ich sie bedienen würde."

Ruhig erwiderte sie mir: „Nun, man sieht, daß Sie keinen Mann haben!"

Ich riß den Mund auf. Sie hatte recht! Schnell interessierte ich mich für einen Steinguttopf auf einem Regal.

Neulich dachte ich an sie, als ich hörte, daß Candy und Edwin in Scheidung lebten. Als ich sie kennenlernte, fiel mir Candy als „Möchte-gern-emanzipierte" Frau auf, da sie mir sagte: „Nennen Sie mich Candy, aber nicht Frau Soundso."

Dann erfuhr ich, daß Candy verlangte, daß Edwin seine Wäsche selbst wäscht, daß sie sich weigerte, für ihn zu kochen oder ihn als Familienoberhaupt anzuerkennen. Ich war entsetzt. Ich bin vielleicht kratzbürstig, habe aber den gesunden Menschenverstand, zu wissen, daß das nicht das Beste für eine Ehe ist. Eine Ehe besteht darin, daß zwei Menschen zusammen arbeiten, um einander zu helfen, so zu sein, wie Gott sie haben möchte.

Muß ich Ihnen noch sagen, daß Edwin schließlich beschloß, daß er eine solche Ehe nicht wollte? Jetzt sind er und Candy geschieden. Wie traurig. Aber es hätte nicht so weit kommen müssen.

Jeder Zirkus ...

Erinnern Sie sich an Bernd vom Anfang dieses Kapitels und seine Bemerkung, daß jeder Zirkus einen Direktor braucht?

Von diesem Vergleich mit dem Zirkusdirektor war ich so gefesselt, daß ich einen größeren Zirkus, dessen Hauptaufenthaltsort in Florida war, anrief, um etwas über die tatsächlichen Pflichten eines Zirkusdirektors zu erfahren. Ich sprach mit einem Mann, der mich mit Vergnügen über das Zirkusleben unterrichtete. Als ich ihn über die Aufgaben des Zirkusdirektors befragte, lachte er.

„Ach, er ist der «feine Herr», er ist draußen und macht die Ansagen und singt und sieht gut aus", sagte er. „Aber in einem großen Zirkus wie unserem ist es der Vorstellungsleiter, der die Auftritte zeitlich aufeinander abstimmt und darauf achtet, daß alles richtig abläuft."

Das war mir neu, und ich sagte es ihm. Dave fuhr fort: „Sicher. Er ist der Mann im Smoking auf der Seite, mit Clipboard und Uhr. Beide, der Zirkusdirektor und der Vorstellungsleiter sind auch mit einer Pfeife ausgestattet, so daß jeder pfeifen kann, wenn etwas mit einem Auftritt nicht klappt, damit die Clowns kommen und die Aufmerksamkeit des Publikums von dem Problem ablenken. Beide haben die gleiche Macht, aber nur der Zirkusdirektor steht im Scheinwerferlicht."

Es machte mir Spaß, dieses Bild auf die eheliche Beziehung zu übertragen: Der Mann steht vielleicht als das sichtbare Oberhaupt der Familie im Rampenlicht, aber jeder gut geführte Zirkus, auch die Ehe, braucht sowohl einen Zirkusdirektor als auch einen Vorstellungsleiter. Beide haben die gleiche Macht, und jeder kann pfeifen, um Hilfe zu holen, wenn ein Problem auftaucht.

Hmmm! Der Zirkusdirektor steht im Rampenlicht und bekommt den Applaus. Der Vorstellungsleiter achtet darauf, daß alles richtig abläuft. Und beide sind für einen Notfall ausgerüstet. Die Folgerungen für die Ehe sind ergötzlich.

Ein Wort zum Abschluß

Vor einigen Jahren arbeitete Holly in den Sommerferien in einem Bekleidungsgeschäft. Holly hörte zufällig, wie eine Frau ihren Mann fragte, ob sie ein bestimmtes Kleidungsstück kaufen dürfe. Als Holly nach Hause kam, fragte sie: „Muß ich einmal meinen Mann um Erlaubnis bitten, wenn ich mir etwas zum Anziehen kaufen möchte?"

Ich schaute sie lange an und sagte dann: „Ja, wenn du die Beziehung mit ihm schätzt."

Sie seufzte. „Gut, aber, wenn ich auch gut verdiene?"

„Holly, ordne es nicht als ‚um Erlaubnis bitten' ein, sondern als Achtung vor deinem Mann, für das, was er gerne hat, was er fühlt, frage einfach nach seiner Meinung, weil er dir wichtig ist," sagte ich. „Denke an ‚Beziehung' und nicht an ‚Erlaubnis'. Das hilft dir durch notvolle Zeiten."

Hören wir auf, über die wörtliche Bedeutung von Unterordnung zu sprechen, und konzentrieren wir uns darauf, unsere Ehe so gut wie möglich zu machen, auf der Grundlage der Liebe für den Herrn, der Liebe füreinander und gegenseitiger Achtung. Diese Welt ist hart; gehen wir gemeinsam daran, sie besser zu machen, und fangen wir bei uns zu Hause an.

Merken Sie sich:

1. *„Gleichberechtigte Partnerschaft klingt in der Theorie gut, aber in der Praxis muß jemand die ‚Sache schmeißen'."*

2. *Wenn die Situation durchgebetet wurde und es trotzdem zu keiner Einigung kommt, hat der Mann die Verantwortung, die Pattsituation zu überwinden.*

3. Als Überwinder der Pattsituation muß der Mann bei seiner Entscheidung das Beste der Frau im Auge haben.

4. Wie wäre es, Epheser 5,21 mehr zu betonen: „Ordnet euch einander unter in der Furcht Christi."

5. Kluge Ehemänner warten auf die Bestätigung des Herrn, durch die Bestätigung ihrer Frau.

6. Männer, ihr wollt, daß wir uns unterordnen? Dann werdet die gottgefälligen Führer, zu denen ihr berufen seid. Sogar eine zielbewußte christliche Frau will, daß ihr Mann die geistliche Führung als sein Vorrecht übernimmt.

7. Frauen, denkt an ‚Beziehung' und nicht an ‚Erlaubnis'.

8. Hören wir auf, über die wörtliche Bedeutung von Unterordnung zu sprechen, und konzentrieren wir uns darauf, unsere Ehe so gut wie möglich zu machen.

Fragen zur Diskussion

1. Mit welchen Einstellungen zur Unterordnung begannen Sie Ihre Ehe?

2. Was war Ihre größte Herausforderung auf diesem Gebiet?

3. Wie entscheiden Sie, was der Wille des Herrn auf irgendeinem Gebiet für Ihre Familie ist?

4. Was sagen Sie Ihren Kindern über Unterordnung, sowohl gegenüber der Staatsmacht als auch untereinander?

5. Welchen Rat würden Sie Ehepaaren geben, die auf diesem Gebiet zu kämpfen haben?

Anmerkungen

Kapitel 2:
Das ist ja Schwerstarbeit!

1. Patricia McGerr, *„Johnny Lingo's Eight-Cow Wife,"* Reader's Digest (Februar 1988:, 138.
2. Jerry Jenkins, Hedges: *Loving Your Marriage Enough to Protect It* (Brentwood, Tenn.: Wolgemuth and Hyatt, Publishers, Inc., 1989), 28.

Kapitel 5:
Männer lesen Zeitung, nicht Gedanken

1. Jetzt gedruckt erhältlich: Gary D. Chapman, Ph. D., *The Five Love Languages* (Chicago: Northfield Publishing, 1992). Mit Erlaubnis des Verfassers abgedruckt.
2. James C. Dobson, *Love for a Lifetime* (Sisters, Oreg.: Multnomah Books, 1987, 1993), 57.
3. Willard F. Harley, Jr., *His Needs, Her Needs* (Grand Rapids, Mich.: Revelll, 1994), 12–13.

Kapitel 6:
Erwachsene sind auch nur große Kinder

1. Interview mit der Autorin, Bericht darüber zuerst in *„David Meece: Singing through the Pain,"* Christian Herald (April 1989): 14

Kapitel 7:
Kämpft gegen den Streit, nicht gegeneinander

1. Carole Mayhall, *„Words to Avoid in Marriage,"* Today's Christian Woman (Juli/August 1994): 42

Kapitel 8:
Ich bin pleite – schon wieder?

1. Lindsey O'Connor, *Working at Home* (Eugene, Oreg.: Harvest House, 1990).

Kapitel 10:
Dem Herrn dienen durch Dienst am Nächsten

1. Christine Scheele, *„Mile High Hope,"* Christian Herald (Mai 1989): 10.
2. Dean Merrill und Larry Byars, *„No Small Potatoes,"* Christian Herald (März 1988): 37.
3. Sandra P. Aldrich, *From One Single Mother to Another* (Ventura, Calif.: Gospel Light/Regal Books, 1991), 179.